一九世紀後半における国際関係の変容と国境の形成

琉球・樺太・千島・「竹島」・小笠原

麓 慎一
Shinichi Fumoto

山川出版社

一九世紀後半における国際関係の変容と国境の形成

——琉球・樺太・千島・「竹島」・小笠原

目次

一九世紀後半における国際関係の変容と国境の形成

——琉球・樺太・千島・「竹島」・小笠原

近代国家と国境

国境の形成と三つの相互作用

国境をめぐる紛争が絶えることのない現代にあって多くの人はそれが太古から繰り返されてきたと考えるだろう。しかし、国境の紛争の多くは近代になって尖鋭化《せんえいか》したのである。私たちはもう一度、近代の日本における国境の創られていく過程を考え、国境とは何なのか、ということを考察することが必要な時代になっている。

近代国家にとって、国境を画定《かくてい》し国民を確定することは、その最も重要な要件の一つであった。すなわち、近代国家はその主権の及ぶ範囲と国民を明確にすることを求められる。日本も明治維新以後、近代国家としてこの主権の及ぶ範囲と国民を確定する。本書は、この主権の及ぶ範囲、すなわち国境が創られていく過程を考える。この国境の形成を考察するにあたって次の三点に留意する。

第一は、日本の国境の画定における多様な国家の関与である。一般に国境の画定は、二国間で行なわれる作業のように捉えられている。しかし、本書が取りあげる時期にあっては、二国間よって国境が画定されることは少なく、複数の国家の相互作用によって決定される。たとえば樺太《からふと》における国境の画定は、日本とロシアによって決定されたように捉えられているが、清《しん》国の樺太への影響力の減少がこの問題に関係していた。また、琉球《りゅうきゅう》国の併合の問題は、日本と清国における問題のように考えられているが、それにはフランス、イギリス、アメリカ合衆国、オランダなどの動向が関係していた。国境の画定が、このような多国間の作用によって進展したことに留意する。

第二は、それぞれの国境の画定における相互の連関である。国境についての交渉やその画定は、樺太・千島《ちしま》列島・「竹島《たけしま》」(現在のウルルン島)・琉球・小笠原《おがさわら》島など個別に展開したように捉えられている。しかし、それらは多くの場合、相互に関係のある問題として進展していた。国境の画定がどのような連関をもって行なわれていたのか、という点に留意する。

第三は、第一の点とも関連するが、本書が対象とする時期の世界史的な対立と東アジアにおける国際関係の変容に留意することである。世界史的な対立とはイギリスとロシアのそれである。東アジアにおける国際関係の変容とはロシアと清国の関係の変容である。本書は、この英露対立と露清関係の変容が日本の国境の形成に影響を与えていた、と考えている。

対象とする時期

本書が取りあげる時期はおもに近世後期から明治時代前期である。江戸幕府は、近世後期における国際関係の変容の中で、領域についての新しい認識を形成させ、それが明治政府の国境の画定の基盤になった。近世後期にあっては、境界を「線」として捉える認識は乏しかった。それが国境という「線」で区切られた空間として認識されていくのがこの時期なのである。

また、取りあげる中心となるのが、一九世紀後半の南方と北方の国境であることも、あらかじめ記しておきたい。それでは、これらに重点を置いて、日本の国境の形成について考えよう。

第1章　琉球国の境界――近世後期の南方

1　セシーユの琉球国への来航と境界

セシーユの来航

フランスのインド・中国艦隊司令官ジャン－バティスト・セシーユ(Jean Baptiste Cécill)の来航が引き起こした琉球国の境界の問題を考察する。セシーユは、弘化三年(一八四六)五月一三日、軍艦クレオパトルとヴィクトリーズを率いて運天《うんてん》に入港し、同年閏五月二四日に同地を去るまで琉球国と条約締結の交渉を行なった。その交渉において、彼は琉球国が支配する領域について照会する。この過程を示す。

セシーユは、五月二四日、「和好」「貿易」の許可を琉球国に求めた(1)。これに対して尚廷柱は、「琉球国中山府《ちゅうざんふ》総理大臣」として、閏五月一二日、その拒否をセシーユに次のように示した。フランスが「和好交易」を求めてくれるのは感激に堪えないが、小国の琉球国は大国とは事情を異にしている。琉球国はその属島も含めて鉱物資源もなく、また織物などもないのである。さらに、作物も豊かではなく「国」と称することもできないような状況である。琉球国は明《みん》朝の時代から「中朝之屏藩」となり、代々中国から「王爵」を受け、その一方で、「貢賦」を納めてきた。中国に「入貢」するときには福建省《ふっけんしょう》において日用品や絹布を購入し、それによって紋章の入った国王の衣服や役人の冠などを整えるとともに、薬材などを購入して病人を治療してきた。一方、琉球国が中国に収める品物や携帯する品物は、琉球国において生産されているものではなく、もっぱら「度佳喇島《トカラ》」(吐噶喇列島。以下、引用史料の( )付き傍注は筆者による)から購入したものである。それだけでなく琉球国で用いられている食料や器具なども「度佳喇島」の商人が持ってきた交易品である。日本の法律は、とても厳格で他の国と交際することを許していない。長崎において厳しい取締りのもとで船数を規定したうえで、中国とオランダにのみ貿易が許可されている。一方、「度佳喇島」は日本の属地であるが琉球国に近いので、その商人たちは産物を琉球国に持ってくる。彼らは、琉球国の「黒糖」「焼酎」「蕉布」や福建省から購入した品物などとそれらを交易することが許されている。琉球国がフランスと交易するようなことになれば、「度佳喇島」からの商客は日本の法律によって往来できなくなり貿易は途絶することになる。さらに飢饉のときに琉球国の人が受けてきた「度佳喇島」からの援助も得られなくなり餓死することになる。琉球国は「度佳喇島」を頼みとして国を成り立たせているので、「大国之例」に準じて貿易を行なうことはできないのである。(2)

琉球国はフランスとの貿易に対応できるだけの物品がないことと、その開始が琉球国を成り立たせてきた中国と吐噶喇列島との関係に悪影響を与える、と主張してそれを拒否した。

琉球国と吐噶喇列島

この琉球国と吐噶喇列島の関係についての考察を進める前に、先行研究によりながらこの関係について基本的な事柄を確認しておきたい。まず、位置である(巻末図3参照)。吐噶喇列島は大隅《おおすみ》諸島と奄美《あまみ》群島とともに薩南《さつなん》諸島を構成し、その二つの中間に位置し、北から口之島《くちのしま》・中之島《なか》・臥蛇島《がじゃ》・小臥蛇島《こ》・平島《たいら》・諏訪之瀬島《すわのせ》・悪石島《あくせき》・小島・小《こ》宝《だから》島・宝島・上ノ根《かんのね》島・横当《よこあて》島である。吐噶喇列島の商人たちは近世の初期にあっては独自に交易していた。しかし、薩摩藩が、寛永期（一六二四～四三）に彼らと琉球国との交易に規制を加えるようになった。これを契機に吐噶喇列島は、薩摩藩の勢力範囲に入っていくことになる。対外的には、中国の「冠船《かんせん》」（冊封使《さくほうし》の船）が天和三年（一六八三）、琉球国に来航したときに冊封使との面会の場にいた薩摩藩士たちを「宝島人」（吐噶喇人）と称させた。この冊封使とは中国の国王が冊封体制にあって、その附庸国《ふようこく》（従属国）の国王に詔勅を与えるために派遣する使節を指す。その後、享保四年（一七一九）に冊封使と日本人（薩摩藩士）の面会が全面的に禁止されるようになった。(3)

本書が扱っている時期にあっては、琉球国が中国と吐噶喇列島との関係によって成り立っている、と主張するときの吐噶喇列島とは薩摩藩を意味している。

琉球国の三六の属島

琉球国とフランスの交渉に話を戻そう。琉球国は自国の置かれている状況を説明して要求を拒否したのであるが、フランス側は交易の拒否を伝えられた弘化三年閏五月一二日、琉球国の「属島」の名称について照会してきた。(4)この「属島」の名称についての回答案の作成過程を考察したうえで、実際にフランス側に回答した三六の「属島」の名称を示す（巻末図3参照）。

薩摩藩が琉球国に派遣していた琉球在番奉行の平田善太夫が、弘化三年閏五月二〇日、家老の島津久宝《しまづひさたか》と調所広郷《ずしょひろさと》に提出した書翰には琉球国の摂政と三司官がフランス側に示すことになる回答が、そのときの話し合いとともに記されている。(5)まず、話し合いである。もし琉球国がフランス側に「大島」・「徳島（徳之島）」・「喜界」島・「與論（与論）」島・「沖永良部」島の五島は琉球国の「属島」である、と説明してフランス人がこれらの島々に行って何か要求などしたら不都合なことになる。しかし、実態のままそれらの島々に「御国元《(薩摩藩)》御拘相成居候」と薩摩藩が関与している、と述べることもできない。このような議論を踏まえて、次のような回答案が作成されることになった。

三六の島々のうち、この五島（大島・徳之島・喜界《きかい》島・与論《よろん》島・沖永良部《おきのえらぶ》島）も琉球国の「属島」ではあるが琉球国は経済状況が良くなく、さらには天災なども絶えず発生してきた。そのようなときには「度佳喇島」からの借米によって人々を救済してきた。この借米は増えてしまい返済できないほどになった。そこでこの五島と、それに加えて「大島」の「由呂《(与路)》」島・「宇　撿《(請島カ)》」島・「佳奇呂麻《(加計呂麻)》」島の三島を合わせた八島の産物はすべて「度佳喇島」に直接、収めるという「約定」を結んだ。

以上のように琉球国の摂政と三司官はフランス側に三六の「属島」を示すときに一緒に伝える回答案を考案した。この回答案は吐噶喇列島を実効支配している薩摩藩と琉球国の関係を踏まえて考え出されたものだった。琉球国に派遣されていた薩摩藩士たちはこれを認めるのであるが、それには次のような事情も考慮されていた。

清《しん》国の船（「唐船」）が与論島・請島・加計呂麻島の三島や沖永良部島に漂着したときに、その「唐人」たちに支給されてきた「飯米」は吐噶喇列島（薩摩藩）からの借米で賄われてきた。この「飯米」の代金は、後に長崎の清国人（「唐人」）から返済されるが、それは吐噶喇列島（薩摩藩）の人が直接、受け取ってきた。これらのことは清国（「唐国」）も承知している。したがって先のようにフランス側に回答しても清国（「唐国」）が承知している状況、すなわち琉球国のある地域と吐噶喇列島（薩摩藩）の人たちには関係がある、という状況と符合する。[6]

琉球在番奉行の平田は、このような話し合いを琉球国と行なったうえでフランス側に「属島」の回答を示すことになった、と家老たちに報告している。[7]実際、琉球国はフランス側に、閏五月一六日、回答として三六の「属島」を示している。[8]

この三六の島名は①「久高」・②「津堅」・③「浜」・④「伊計」・⑤「前慶良間（渡嘉敷側）」・⑥「後慶良間（座間味側）」・⑦「久米」・⑧「渡名喜」・⑨「粟国」・⑩「伊江《いえ》」・⑪「伊平屋」・⑫「鳥　島（硫黄鳥島）」・⑬「由論（与論）」・⑭「永良部（沖永良部）」・⑮「徳　島（徳之島）」・⑯「由呂（与路）」・⑰「烏奇奴（請島）」・⑱「佳奇呂麻」・⑲「大島」・⑳「鬼界（喜界）」・㉑「宮古《みやこ》」・㉒「池間」・㉓「伊良部《いらぶ》」・㉔「来間」・㉕「多良間」・㉖「水納」・㉗「大神」・㉘「八重山（石垣島）」・㉙「小浜《こはま》」・㉚「鳩間」・㉛「与那国」・㉜「古　見（西表島）」・㉝「竹富《たけとみ》」・㉞「黒島」・㉟「新城」・㊱「波照間《はてるま》」である。[9]

ここでは琉球国が、自らに所属する三六の島名をあげるとともに、与論島から大島までの島々が吐噶喇列島（薩摩藩）への借財によって経済的に従属している、という考えを示している点に留意したい。この考えは漂流した清国人の救済にあたって彼らの「飯米」が吐噶喇列島（薩摩藩）によって立て替えられていることを清国側も承知していて、実際にその費用の相殺が長崎の清国人（「唐人」）によって行なわれている、というメカニズムを利用して考え出されたものだった。

琉球国の主張

セシーユは、弘化三年閏五月二四日、運天港を出発するときに、宣教師のピエール・マリ・ル・チュルヂュ（Pierre Marie Le Turdu）を琉球国に残留させた。セシーユは琉球国の人々にこのフランス人に「琉球言葉」と「和語」などを教え、その一方で彼からフランス語を学ぶように提案した。琉球国側はこの提案を交易のための布石と捉えたようで、それを拒否し理由を次のように説明した。

琉球国は海中の「孤島」であり特に水に乏しい。この乏しい水で作物を作っていて収穫が十分でないときもある。それゆえ「中国を親とし」て「度佳喇島を母と頼」って昔から生活してきた。この二つの国の恩はとても大きい。琉球国は、単独では国を維持することができず、中国と吐噶喇列島(薩摩藩)に依拠して成り立っている。「海外独立之小島」の琉球国がどうして大国のフランスと関係を結び、交易ができるというのであろうか(10)。

ここでは中国を「親」、吐噶喇列島(薩摩藩)を「母」と表現している。これは琉球国が、そして薩摩藩や幕府が琉球国を評するときにしばしば用いる表現であり、先行研究でも示唆されてきた。この表現は、その時期や状況によって微妙に変化するのであるが、この点にも留意して考察を進める。

外国船の来航と琉球国をめぐる国際関係

セシーユは、彼が来る二年前の弘化元年(一八四四)に琉球国に来ていたフランス人宣教師のテオドール-オギュスタン・フォルカード(Théodore-Augustin Forcade)を乗船させて出航する。このフォルカードの来琉は、薩摩藩に東アジアにおける琉球国の位置づけの変化を理解させ、その所属についての再考を促していた(11)。

薩摩藩世子《せいし》島津斉彬《なりあきら》は、弘化三年三月、内大臣の近衛《このえ》忠熙《ただひろ》に藩主島津斉興《なりおき》の「従三位昇進」を求めた書翰でこの状況について言及している。フランスの船が、弘化元年三月、琉球国にやって来て「和好交易」と「教法之儀」について話をした。そして二人のフランス人を残してその船は出航した。この二人は琉球国を取り巻く国際情勢の変化を示唆した。それによれば、ヨーロッパでは、近年、航海の技術が進展し、それまで彼らにとって未知の場所だったところにも渡航して交易し、商館を建設するようになった。琉球国は、彼らが「東洋」に行くときの海路上にあり寄港地として便利である。それゆえ近年、イギリスやアメリカ合衆国などの船が琉球国の沖合に停泊するようになった。島津斉彬は、この二人のフランス人の話を示したうえで、さらに清国と琉球国の関係の変化について説明した。琉球国は、清国の「封爵」を受けて「朝貢」してきた国である。したがって外国の船は琉球国のことについて清国に遠慮しているようだった。しかし、清国は「阿片之一条《アヘン》」のためにイギリスと戦争した結果、「納金」(賠償金)を出して「和好之約定」を締結した。それゆえ清国の国威は低下してしまい、琉球国に外国人が来航するようになった。

島津斉彬は琉球国をめぐる国際関係の変化についてこのように記したうえで、藩主の島津斉興の「従三位昇進」の理由の一つとして「属国」である琉球国をこのような状況下でも問題なく支配(「取鎮」)していることをあげた。また、この昇進を踏まえて、島津斉彬は琉球国の中山王の格式もあげて摂政と三司官も昇進させることで、「琉球之儀」は「海外之事」ではあるけれども彼らを薩摩藩の「恩威」に服させて、西洋人に靡《なび》かないようにする、という考えを示した。(12)

ここでは、琉球国の所属の問題が、アヘン戦争という東アジアの国際関係の変容との関係で生じていることを薩摩藩の世子島津斉彬が見通していた点と、そのような認識が内大臣の近衛忠煕、すなわち朝廷にも届けられていたことを確認しておきたい。

2　ペリーの琉球国認識と国際関係の変容

ペリーの琉球国認識

琉球国の所属の問題がより喫緊となるのはマシュー・ペリー(Matthew Perry)の来航である。ペリーが琉球国をどのように捉えていたのかを考察する。この点を考察する前に、ペリーの旅程を確認しておきたい。ペリーは、嘉永六年(一八五三)四月一九日、那覇《なは》に入港し、四月晦日に首里《しゅり》城で総理官らと会見したのち、五月三日に同地を出港して小笠原《おがさわら》島に向かった。その後、彼は、五月一七日に再び那覇に入港して二週間後の五月二六日、今度は浦賀《うらが》に向けて出港した。そして、彼は、六月一二日に江戸湾を出港して六月二〇日、那覇に入港し六月二七日まで滞在した。それから半年ほど経った嘉永六年一二月二五日、再び那覇に入港し、安政元年(一八五四)一月一〇日に同港を出港している。彼は、三月三日にアメリカ条約(日米和親条約)を横浜で締結した後、六月七日に那覇に戻り六月一七日、琉米条約(「亜米利加合衆国琉球王国政府トノ約定」)を締結して六月二三日に同地を離れる。この琉米条約については「琉米条約の締結」の項で考察する(三四ページ参照)。ここでは、ペリーが頻繁に琉球国を訪れていたことを確認したうえで、彼が琉球国の所属をどのように認識していたのかを見ていきたい。

ペリーは、最初に琉球国を訪問したのちの一八五三年六月二日付(嘉永六年四月二六日)のジェームズ・ドッビン(James Dobbin)海軍卿への報告で「この美しい島は日本の属国(a dependency of Japan)であり、同様の法令によって統治されている。人々は勤勉で不快感を与えない。すでに彼らの恐怖を和らげ、友好関係の構築にかなりの進展があった」と述べており、このとき、彼は琉球国を日本の属国と捉えていた[13]。

琉球国を日本の属国と捉えるペリーの見方をもう少し追ってみよう。ペリーは、嘉永六年五月三日、那覇を出港し、五月八日から小笠原で貯炭所の用地の買収などを行なった後、五月一七日、那覇に戻った。このとき、ペリーは琉球国と日本および中国との関係についての情報を収集して報告書に記している。まずペリーは「Chow - Hwang」すなわち一七五六年に冊封副使として琉球国に来た周煌《しゅうこう》に注目した。周煌は『琉球国志略』という書物を記した人物である[14]。ペリーは、周煌が琉球国の支配権が中国の皇帝にあるという主張に二つの点から反論する。第一に、毎年、貢物を運ぶために琉球から中国に船が派遣されていることは認めつつも琉球は中国だけでなく日本とも綿密な関係を有している、と指摘する。第二に、琉球の役人は中国人のようには見えない、という点である。これに関連して、中国語は教育を受けた琉球のいく人かに理解され話されているがこの国の一般的な言語は中国の言葉ではない、と指摘する[15]。ペリーはこのように琉球国が中国の支配下にある、という周煌の記述に反論した[16]。

一方、琉球国の役人たちは自分たちの立場をペリーに書翰で次のように示していた。明朝の時代から中国の属国となっているのは「誇り」であり、琉球国は「封土の授与」を受けてきた。琉球国のことで中国の皇帝に知らされないことなどないのである。さらに朝貢関係について、

私たちは貢物を送るときに、中国で絹や絹紬を購入する。それは相応しい礼服と冠を作るためである。さらに国で使うための薬や物品を選ぶのである

と述べる。そして、もしも琉球国に十分な物品がないときには、

私たちと親しくて、しかも近隣にある国があって、その国とトカラの島を介して紅茶・酒・グラスクロス（光沢のある平織物）や私たちの生産物と交換することによって、私たちが中国に貢物として送ることになる物品を得るのです[17]

と説明する。ペリーは琉球国の役人の書翰を記した後、「親しくて、しかも近隣にある国」とは日本のことである、と記している。琉球国はペリーに自分たちと中国との関係がいかに密接なのかを説明するとともに、日本との関係は吐噶喇列島（薩摩藩）を通じて不足した物品を獲得する相手なのだ、と主張したのである。

ペリーは、琉球国の主張を書き記す一方で、そこに弘化三年（一八四六）から滞在している宣教師のバーナード・ジャン・ベッテルハイム（Bernard Jean Bettelheim）の「琉球国はある程度は独立している。琉球国は北京への忠実な貢献によって、王様という仰々しい称号を許されている。それでも、結局のところは日本の完全な一部なのである」という見解にも着目している[18]。ペリーは琉球国が日本に従属していると考えながらも、それについて多様な見解を見出していた。

ペリー来航と琉球国をめぐる国際関係の変容

ペリーが琉球国をどのように捉えていたのか、という点について見てきた。次に、薩摩藩がこのペリー来航時の琉球国をどのように位置づけていたのかを考える。

薩摩藩主の島津斉彬が、嘉永六年(一八五三)七月一〇日、名古屋藩主の徳川慶恕《よしくみ》に出した書翰を取りあげる。[19]島津斉彬はこの書翰で、琉球国の摂政と三司官らが幕府に「内訴」してほしい、と求めてきたので老中にその「内訴」を伝えた、と記している。この「内訴」を示す。日本がアメリカに「商法」(交易)を許可したら琉球は打つ手がなくなり、これまで貿易を拒否してきたことも水泡に帰してしまう。それゆえ幕府はアメリカに貿易を許可しないでほしい。もしも幕府がアメリカに貿易を許可したら琉球にも諸外国の船が到来する。清国(「唐国」)が強ければ対策もできるが、現在では自国の統治さえもできない状況にある。清国は「属国」(琉球国)に指示も出せないし、そこに外国船が来ることも防げない。外国船は琉球に貿易を求める。琉球は貿易といっても外国船に渡せる品物は無く、どうすることもできない。結局、琉球は貿易の相手国の指示(「彼国政令」)を受けるようになってしまう。琉球国の摂政や三司官は、幕府がペリーに通商を許せば、イギリスを始め諸外国の船が琉球国にもやって来ると懸念したのであった。

島津斉彬は、この琉球国の幕府への「内訴」を徳川慶恕に伝えた。そのうえで斉彬は「唐国争乱」なので、琉球国はもっぱら日本(「皇国」)を頼っている、と記している。この「唐国争乱」とは洪秀全《こうしゅうぜん》によって始められた太平天国《たいへいてんごく》の乱を指している。[20]この書翰は「琉人手紙之趣」と、その情報源を示したうえで、太平天国の乱の状勢が詳述されている。それには北京の陥落の可能性が記されており、そうなれば福建省などもただちに降参することになる、との予想が記されている。琉球国からすれば朝貢のルートとして重要な福建省どころか、その目的地である北京さえも無くなってしまう、と危惧される事態になっていたのである。

琉球国に対する清国の影響力の低下が太平天国の乱との関係から説かれていたのであり、そのような状況下での幕府とアメリカの貿易の開始は琉球国の危機を招く、と考えられていた。

3　ペリーの来航と幕府の評議

琉球国の所属についての評議

幕府は、琉球国へのペリーの来航と太平天国の乱による国際関係の変化にどのように対応したのか、という点を琉球国の所属の問題に焦点を当てて考える。これについて二点取りあげる。第一は、幕吏たちの琉球国と日本および清国の関係についての評議である。第二は、この評議を受けて米使応接掛に出された二つの「覚」（指示）である。

幕吏たちの評議

老中阿部《あべ》正弘《まさひろ》は、幕吏たちに、琉球国は日本と清国（「唐土」）の両国に「随従」しているが、公式（「表立」）にはどちらの「属国」なのであろうか、と諮問した[21]。この諮問に応えた三つの評議書がある。第一は、林𤋮《はやしあきら》大学頭・西丸留守居筒井《つつい》政憲《まさのり》の評議書である。第二は勘定奉行の松平近直《まつだいらちかなお》・川路聖謨《かわじとしあきら》と勘定吟味役の竹内保徳《やすのり》・松平助左衛門の評議書である。第三は、目付井戸《いど》弘道《ひろみち》・荒尾成允《あらおしげまさ》・岩瀬忠震《いわせただなり》の評議書である。

第一の林と筒井は、安政元年（一八五四）四月、老中阿部正弘の諮問に「琉球之儀御尋之趣申上候書付」を提出した。彼らは言う。琉球国は嘉吉年間から島津家（薩摩藩）に従い、その領分になった。島津家は、琉球国は自領である、と主張している。琉球国は「国王代替之節」や家督の相続などのときに、それらを島津家に届け出てきた。その一方で、島津家は家来を「勤番」として琉球国に派遣させてきた。将軍と琉球国王の代替わりのときには、藩主が琉球国の「名代使節」を江戸城に連れて行き「御礼御目見」をさせてきた。これらのことから、琉球国は薩摩藩の「附属之国」と見なすことができる。

一方で、中国は琉球国王の代替わりのときに、明の時代から「冊王使《冊封使》」を派遣し、琉球国の国王を承認(「国王ニ封し」)し、琉球国王は、それに対して「礼謝之使節」を派遣してきた。また、琉球国は暦も清国のものを使用していて、他国に自分たちが日本に随従している、とは表明していない。琉球国はもっぱら日本の「属島」と交易している、と説明している。

結局、琉球国は両国に随従しているが「唐国は父之如く」であり「日本は母之如き」である。林と筒井は強いて(「押立」)言えば琉球国は「唐土之属国と申候て然るべき」である、と上申した[22]。

第二の勘定奉行の松平近直・川路聖謨と勘定吟味役の竹内保徳・松平助左衛門は琉球国が「郷帳」(幕府の命令によって作成される村高帳簿)に一二万石とあり「御国」に属しているが、第一の林と筒井の上申や関係書類を考慮すると決定し難いので薩摩藩主の島津斉彬に照会したうえで決めるべきだと上申した[23]。

第三の目付の井戸弘道・荒尾成允・岩瀬忠震は、安政元年五月、琉球国の所属について次のように主張した。林と筒井の書面や薩摩藩主が提出した『明清兵乱中琉球国始末之考』など、琉球国の所属に関する書類を一覧すると、確かに琉球国は清国の「封冊」を受け、その暦を利用してきたことが確認できる。しかし、林と筒井は琉球国が明代から「封冊」を受けてその暦を利用し、さらには外国に対して日本への「随従」を表明していないから「唐土之属国」である、と述べているが、それは琉球国王の考え(「心得」)で日本への「随従」を外国に示していないだけである。また、琉球国が明の時代から「封冊」を受けたのは琉球国の処置(「取計」)であり、「表立」ってはそのことを日本に通知してこなかった。琉球国は、「海外絶遠之地」にあり止むを得ない事情もあったので、清国との「封冊」について特段に「譴責」なども行なわず、そのままにしてきた。清国も琉球国の日本への「随従」を承知しているが、日本の琉球国への対応と同様に、それを「打過」ごしてきた。清国も日本も琉球国が「両属之国」であることは「内々心得」ているが「表向」きは自国の「属島」として取り扱ってきた。それゆえ琉球国が「唐土之属国」である、とはいえない。琉球国では「言語」「文字」「神祠」など日本と清国のものが混在していて、結局のところ「両属之国柄」である。

幕府は、薩摩藩の領地安堵の「御判物」に琉球国を領分として記しており、琉球国の「十二万国」は日本の「御版図」の中にある。そして琉球国が薩摩藩の「附庸」(従属国)なのは明らかだが、幕府は、近年、外国との交渉において、「通商」(交易)は清国とオランダに、「通信」(外交的関係)は朝鮮と琉球に限ると表明してきた。「通信」の相手国である、という説明をしてきた琉球国を日本の「従附之国」であり「表立」って「薩州所領之地」と申し張ることも難しいのである。しかし、薩摩藩が琉球国の内事について「御世話」しているのは世界の国々も承知している。したがって琉球国を「唐土之属国」とは結論づけられず「表立」っては「両国随従之国」なのである。[24] このように目付たちは筒井と林の意見を批判しつつ、琉球国は日本と清国の両属である、と主張した。

これらの評議がどのように進展したのか、という点を考える前に示唆しておきたいことが二つある。それは、第三の目付の井戸・荒尾・岩瀬の評議書に関係することである。一つは彼らが参照していた薩摩藩主から提出された『明清兵乱中琉球国始末之考』という書類である。もう一つは幕府が薩摩藩に所領安堵のために与えている「御判物」の中での琉球国の位置づけである。前者については、後述の「『明清乱中琉球之儀御伺公儀仰出始末之愚考』」の項で詳細に考察する(一一五ページ参照)。ここでは後者を取りあげる。

将軍徳川家定《いえさだ》が、安政二年(一八五五)三月五日、薩摩藩主の島津斉彬に出した所領安堵の朱印状には薩摩国と大隅国および日向国のうちの諸県郡を合わせた一六四村、六〇万五〇〇〇石あまりに加えて「琉球国拾弐万三千七百石」を斉彬に充て行なう、と記載されている。このような朱印状における琉球国の位置づけが、琉球国が日本に所属している、と考える根拠の一つだった。[25]

老中阿部正弘の意向

幕吏たちの評議を受けて、老中の阿部正弘が行なった琉球国の所属についての判断を考察する。薩摩藩主の島津斉彬は、安政元年五月二九日、弟の島津久光《ひさみつ》に琉球国の所属について阿部正弘から「相談」を受けた、と伝えている。それによれば、老中の阿部はこれまで琉球国が日本に服従していることを内密(「内々」)にしてきたが、このままにはしておけない、と彼に述べたのであった。[26]

この点について島津斉彬は、六月三日付の福井藩主の松平慶永《まつだいらよしなが》への書翰でさらに詳しく記している。斉彬が老中阿部正弘に面会してみると、その話は「琉国之儀」だった。阿部は日本と琉球国の「通信」(対外的関係)について清国には「押隠」してきたが、このような状態のままで外国人に勝手はさせられないので、琉球国が日本の「属国」であることを明らかにすべきである、という評議があったことを伝えた。そして阿部はこの了承を斉彬に求めたのである。斉彬は、それは妥当なことだが琉球国の考えもあるので、これを琉球国に申し諭したうえで行なってほしい、と要望した。阿部はそれを了解したうえで、このような処置に琉球国も喜ぶだろう、と感想を吐露した。斉彬は、琉球国はおそらく難儀なことだ、と申し立てるだろうと阿部の考えに同意しなかった。さらに斉彬は、琉球国への対応のこともあるので、ペリーとの下田での交渉の経過を知らせてくれるように求めた。阿部は、それは当然なことであり米使応接掛が下田から戻ったら詳細にその内容を伝える、と返答した[27]。この阿部正弘と島津斉彬の会談は五月二二日に行なわれた、と推定される[28]。

ここで確認しておきたいのは琉球国が日本の「属国」であることを公表する、という評議が幕府でなされた、との阿部正弘の発言である。すでに三つの評議書については紹介した。これを踏まえて阿部は斉彬に琉球国の所属について相談していたのであるが、林と筒井は琉球国の所属を中国側に認める意見を述べていたし、井戸・荒尾・岩瀬は、それを日本と中国の両属である、と主張していた。勘定奉行らは「郷帳」を根拠に琉球国の日本への所属を示唆したものの、明言を保留していた。これらの評議にもかかわらず、阿部は琉球国が日本の「属国」である、と主張しようとしていた。この点を確認したうえでさらに琉球国の所属の問題を考察する。

「両属関係ヲ明答スルコトヲ避ケシム」

琉球国の所属に関する幕府の評議をさらに示す。次に取りあげたいのは『維新史料綱要』の記事である。この『維新史料綱要』とは維新史料編纂会が『大日本維新史料』という弘化三年(一八四六)から明治四年(一八七一)までの史料集を編纂するために作成した『大日本維新史料稿本』(原稿)の索引である。

この『維新史料綱要』の第一巻の安政元年(一八五四)五月是月条には「幕府、予《アラカジ》メ米使応接掛ニ令シ、琉球ノ我国及清国トノ両属関係ヲ明答スルコトヲ避ケシム」と記されている[29]。このように、幕府はペリーと交渉する米使応接掛たちに琉球国の日本と清国への両属を「明答」しないように指示した、とある。老中の阿部は琉球国が日本の「属島」であることを表明しようとしていたが、ペリーと交渉する米使応接掛に出した指示は、その所属について「明答」しない、というものだった。どのような経緯でこの指示が出されたのであろうか。

この点を考える前に、米使応接掛とペリーの交渉の経過を確認しておきたい。ペリーは箱館で松前藩士とその開港について交渉したあと、安政元年五月一二日に下田に戻って来た。米使応接掛はペリーと交渉を再開し、五月二二日、アメリカ条約(日米和親条約)を締結した。このような状況の中で、琉球国の所属について、それに言及するか否かも含め、どのように対応するのかが問題になっていた。

『維新史料綱要』の記事に戻る。この『維新史料綱要』の記事は『豆州下田港亜墨利加船 坤』という史料に基づいて書かれている。この史料には、米使応接掛に示された琉球国に関する指示とその関係史料が所収されている。[30]

ここで取りあげたいのはこの中の「下田応接之面々江」という「張紙」が付された二つの「覚」と薩摩藩から幕府に出された三つの書類である。「下田応接之面々江」という「張紙」の付された二つのうち、第一を(a)「下田応接之面々江」覚とし、第二を(b)「下田応接之面々江」覚とする。薩摩藩から幕府に出された三つの書類とは、薩摩藩の家臣が島津斉彬に提出した書翰と薩摩藩主が幕府に提出した書翰と『明清乱中琉球之儀御伺公儀被出始末之愚考』である。これらを順に紹介する。

第一の「下田応接之面々江」覚

米使応接掛に出された第一の(a)「下田応接之面々江」覚を示す。琉球国のことはこれまで古来からの仕来たりで清国にはもちろんのこと外国に対して日本に「随従」していることを隠し(「押包」)、「度佳羅島人」(薩摩藩)を介しての交易関係(「商道取結」)があるだけだ、と説明してきた。その一方で、琉球国は「清国之封冊」を受けてきたので清では琉球国を「属国」と考えているかもしれない。琉球国が「日本に従ふ国」であることは、オランダの商館長が江戸に参府したときの「申渡書」にも記してきた。それには琉球国は日本に「相従ふ国」なので、どこかで琉球国の船と遭遇しても奪い取るべからず、と記してある。それゆえ、このことは西洋諸国も弁えている。これらのことを勘案して日本はもちろんのこと琉球国にも迷惑にならないように、うまくペリーに話をする。また、オランダ商館長への「申渡書」の写しも心得のために達する。(31)

ここでは琉球国が「日本に相従ふ国」であることを西洋諸国が理解している根拠がオランダ商館長への「申渡書」に求められている。この「申渡書」とはどのようなものだったのであろうか。これを確認しておきたい。

「阿蘭陀人申渡覚書」

この「申渡書」とは「阿蘭陀《オランダ》人申渡覚書」と題する書類のことである。(32)この「阿蘭陀人申渡覚書」の第三条には次のようにある。日本に渡海する「唐船」を奪い取ってはならない。またオランダと関係のある国の人がポルトガル人と遭遇してもそれと関係(「通用」)を持ってはならない。もし、ポルトガル人に遭遇した場合には、遭遇した人の国名とその場所を記して、オランダ商館長を通じて長崎奉行に提出する。

このように第三条は記したうえで、「附」として「琉球国は日本に相したか《（従）》ふ国に候間、何方にて見合候とも彼船奪取へからさる事」と記している。すなわち、琉球国の船を奪ってはならない根拠は琉球国が日本に「相したか《（従）》ふ国」だからなのである。この米使応接掛に渡された「阿蘭陀人申渡覚書」は貞享元年(一六八四)のものである。(33)

オランダの商館長に与えた「阿蘭陀人申渡覚書」を根拠に、(a)「下田応接之面々江」覚は琉球国が日本の「属国」であることを西洋諸国が弁えている、と記したのである。このオランダ人への「覚書」について、真栄平房昭の研究を参照しながらもう少し考えてみたい。(34)

「相従ふ国」について

『通航一覧』という史料集を参照する。この『通航一覧』とは、嘉永六年(一八五三)に完成したと推定されている江戸時代の対外関係の文書を収録した史料集である。この第六巻の「阿蘭陀《オランダ》国部五」(巻之二四三)に復刻されている延宝元年(一六七三)三月一三日と延宝五年二月二五日の書付を取りあげる。

幕府が、延宝元年三月一三日、オランダ商館長に渡した書付の附録には「琉球国は日本江附属之国に候間、何方にて見合候共、彼船ばはん仕へからさる事」とある。[35] この「ばはん」とは、戦国時代から江戸時代にかけて略奪行為を指す言葉として使われていた。[36] したがって琉球国は日本に「附属」している国なので、どこで会っても琉球国の船を略奪してはならない、という意味になる。

また幕府が、延宝五年二月二五日、オランダ商館長に示した書付の「附」には「琉球国は日本に相従ふ国に候間、何方にて見合候共、奪取へからさる事」と記されている。[37] ここでは「琉球国」が日本に「相従ふ国」と表現されている。先に示した(a)「下田応接之面々江」覚の「相従ふ国」と同じ文言である。この「附」はその本文である「御書付」とともにオランダ商館長が江戸に参府したのち、長崎に戻るときに大目付が読み聞かせることになっていた。

(a)「下田応接之面々江」覚の琉球国は日本に「相従ふ国」であり、そのことをヨーロッパの国々が知っている、という認識はこのような江戸時代における幕府とオランダ商館長とのやり取りによって形成されていた。

第二の「下田応接之面々江」覚

幕府の下田応接掛への指示に戻る。もう一つの指示である(b)「下田応接之面々江」覚には次のように記されている。琉球国のことについてアメリカ側に応答するときは(a)「下田応接之面々江」覚のように通知したけれども、そのように応答したのでは琉球国は「難渋」するし、薩摩藩主の島津斉彬もその応対に不安を抱いている。それゆえ琉球国のことはアメリカ側が言及しなければ、こちらからも話さない方がよいであろう。もし、アメリカ側が琉球国について尋ねてきたら、それはとても難しいことである、と回答する。それでもなおアメリカ側が尋問してきて、明確に答えなければならなくなったら、「別紙」の趣旨を踏まえて回答する。そして、その話し合いの内容を幕府は島津斉彬に伝えるので、早急に知らせる。[38]

幕府は米使応接掛にこのように指示を出したうえで、(b)「下田応接之面々江」覚に島津斉彬が幕府に提出した書類の写しを参考のために付す、と記している。

(b)「下田応接之面々江」覚によれば、(a)「下田応接之面々江」覚は、取り下げられ、できるだけアメリカと琉球国の所属について話し合わないようにする、という方針に変更されたことが分かる。そして、最終的に下田応接掛に示された「別紙」が重要である。この「別紙」は五月二六日に下田応接掛に示された「水戸前中納言殿御存念書」と「琉球之儀ニ付応接方大意」である。これは次節で取りあげる。このような変更には「海岸防御筋御用」の徳川斉昭と薩摩藩主の島津斉彬ならびに彼の家臣たちの意見が関係していたようである。次に、(b)「下田応接之面々江」覚で言及されていた島津斉彬と彼の家臣たちの書類を分析する。

4　薩摩藩の琉球国認識

薩摩藩の家臣の文書

琉球国の処置について幕府に提出されていた三つの書類を分析する。第一は、薩摩藩の家臣が藩主の島津斉彬に提出した書翰である。この書翰は、冒頭で清国が琉球国を「属国」であると考えていても、琉球国が日本に「従ふ国」であることはオランダから周知されており西洋諸国も弁えているので、これを踏まえて日本にも琉球国にも迷惑にならないようにうまく話すよう米使応接掛に指示したことを知らされた、と記している。これは(a)「下田応接之面々江」覚の内容である。家臣たちはこれに次のように意見を開陳した。琉球国に十数年前からヨーロッパの国々の船が来るようになり、さらに外国人が逗留し困難な状況になった。このことはすでに幕府に届けてきた。外国人たちは「和好」「交易」などを求めてきたが、なんとかそれを拒否してきた。彼らに琉球国は日本に「随従」しているのか、と質問されたときも、これまで清国に説明してきたのと同様に琉球国は「度佳喇列島《トカラ》」と通商関係がある、と述べるに止めてきた。すなわち、日本に「貢随」していることは明らかにしてこなかった。今になって外国人が琉球国は日本に「随従」している、と幕府から知らされたら琉球国のこれまでの申し立てはすべて嘘(「偽筋」)になってしまう。これを契機に外国人がさらに難題を吹っ掛けてくるかもしれない。そうなったら何の申し開きもできなくなる。さらにこのことが清国に伝わったら琉球国はとても難渋する。

薩摩藩の家臣たちは、このように述べたうえで、琉球国が日本に「随従」していることを外国人に通知するのをしばらく猶予してほしい、と幕府に要請するよう藩主の島津斉彬に求めた。そして、彼らは猶予してもらっている間に、この件について薩摩藩の国元の家老たちに評議させるとともに琉球国の摂政と三官司らにも審議させて方策を上申したい、と申し出た。この家臣たちの書翰は藩主の島津斉彬から幕府に提出された(39)。

藩主島津斉彬の上申

第二に藩主の島津斉彬の上申を考察する。島津斉彬は、安政元年(一八五四)五月、家臣たちの意見に賛同しつつ幕府に意見書を提出した。まず、彼は琉球国に状況を通知した方がよいので、外国人(ペリー)がこの問題に言及するまでは幕府から話を切り出さないでほしい、と要望した。また、今後のこともあるので外国人に示すことになる「御達」を琉球国に承知させたうえで示すことを求めた。さらに、もし今回、外国人に「御達」を示すことになっても、琉球国での外国人との交渉に「不都合」が生じないために来年の春季、すなわち安政二年の春まではこれまでの状況を変更しない、という条件を付すことを求めた。また、下田における交渉の内容(「下田応答の趣」)やそれによって決定された規則の通知を求め、それを薩摩藩から琉球国に通達することで準備を行なわせる、と上申した。(40)

薩摩藩の家臣の書翰と島津斉彬のこの書翰が、老中に(a)「下田応接之面々江」覚を変更させて、(b)「下田応接之面々江」覚を米使応接掛に出させることになった要因の一つと考えられる。

『明清乱中琉球之儀御伺公儀仰出始末之愚考』

第三に『明清乱中琉球之儀御伺公儀仰出始末之愚考』(以下『始末之愚考』と略記)を考察する。この『始末之愚考』の最初には、「松平薩摩守より差出候書付写」とある。これは、薩摩藩主島津光久《みつひさ》が、明暦元年(一六五五)八月六日、幕府に提出したものである。(41) この『始末之愚考』は老中阿部正弘が琉球国の処置について幕吏たちに意見を聞いたとき、目付の井戸弘道・荒尾成允・岩瀬忠震がそれに答えるのに参照していた『明清兵乱中琉球国始末之考』と考えられる。

この『始末之愚考』は明朝と清朝の交替のときに、琉球国・薩摩藩・幕府がそれにどのように対応したのか、ということをまとめた文書である。対象となっている時期は正保元年(一六四四)から寛文三年(一六六三)である。『始末之愚考』は、琉球国の所属について明清交替を踏まえて次のように記している。

中山王の先祖の尚賢は亡くなった父親の尚豊の跡を継ぐために先例に従って「継目之儀」を明国の「思宗皇帝」（崇禎帝）に願い出た。一方、清朝の順治帝が、正保元年に清という国号で即位することになった。この明から清に替わる兵乱によって琉球国が送った使者は三年間も福建に留まらざるを得なくなった。正保二年に明朝の福王が福建で即位し弘光帝となって琉球国に勅使を派遣した。尚賢はそれに対して「賀慶使」を派遣した。弘光帝が清の軍勢によって追い払われると次に隆武帝が即位した。勅使が琉球国に派遣され、琉球国も「賀慶使」を派遣した。しかし、「清之将軍」（貝勒将軍）が福建に攻め入り隆武帝は殺されて琉球国から派遣された「賀慶使」は北京に連れて行かれた。「賀慶使」が清朝に尚賢の襲封を願い出たところ順治帝は謝必振を通じて琉球国が持っている「明代之勅印」を差し出すように指示した。そして「賀慶使」たちは戻って来た。

二代目の薩摩藩主島津光久は、この明清の兵乱にあたって琉球国がこれまで行なってきた「糸商売之儀」をどうすべきか、幕府に伺いを立てた。老中の松平信綱《のぶつな》・阿部忠秋《ただあき》・阿部重次《しげつぐ》は、正保三年六月一一日、琉球国に明国との「糸商売之事」は「兵乱」中でも継続して「売買」するよう島津光久に通知した。

一方、琉球国の尚賢は、正保四年に清国から「冊封」を受けずに死去し、彼の弟の尚質が世子になった。そして、謝必振が、慶安二年（一六四九）に琉球国で「招撫之言諭」を行なった。(42) このとき、琉球国側は、清国に「賀慶使」を翌年の慶安三年までに派遣することを求められた。謝必振が帰国するとき、琉球国の「上表使」や「護送使」が同行した。尚質は、慶安三年に清国に「進貢船」で「賀慶使」を派遣したが、漂流して目的を達することができなかった。

順治帝に派遣された謝必振は、承応元年（一六五二）八月、琉球国に到着し、「明朝之勅印」を返上するように求めた。尚質は、翌年の承応二年に「進貢船」で「賀慶使」を送るとともに「襲封」を願い出た。順治帝は、これに対し承応三年に「冊封」を行なうための正使として張学礼（兵科副理官）らを派遣した。彼らは福建で渡海のための大船を製造したものの琉球国に渡海しなかった。

一方、琉球国は派遣した「賀慶使」が戻って来ないので、明暦元年（一六五五）の春に迎えの船を派遣することにした。その「迎船」は海賊のために福建にたどり着くことができなかった。しかし、「猟船」から、「賀慶使」が「冠船」（冊封使の船）によって戻って来るという情報を得た。この情報を薩摩藩の長崎詰の薬丸刑部左衛門が確かめることになった。彼は長崎に来ていた「唐船之船頭」からこの点について情報を得ることができた。それによれば「冠船」として福建で「大船」が建造されていて、それによって琉球国の使者（「賀慶使」）も戻って来る、ということであった。

『始末之愚考』は、このように明清交替による中国と琉球国のやり取りを記している[43]。次に、薩摩藩がこの状況にどう対応したのか、という点についての『始末之愚行』の記載を示す。

薩摩藩の対応

この明暦元年（一六五五）は藩主島津光久の江戸への参勤の年だった。薩摩藩は、琉球国が清国に服従するのは参勤する光久の体面にもかかわる、と考えた。薩摩藩の家老たちはこの問題について次のように話し合った。

琉球国が「韃靼《だったん》」（清国）に従うことは幕府でも残念に思っている、と聞き及んでいる。しかし、すでに琉球国は「賀慶使」も派遣しており、このことを議論する状況にはない。「韃靼」（清国）の使者が琉球国に来て、琉球国王を始め三司官以下の官人たちの髪を剃《そ》る弁髪《べんぱつ》（頭髪の一部を残して剃り落とし残りを編んで後ろに垂らす）や「韃靼人」の「衣冠」を身に着けるように命じたなら、日本にとって「瑕瑾《かきん》」（不名誉）であり、参勤する藩主の島津光久の体面上も良くないのである。ここで薩摩藩が琉球国に家臣を派遣しなければ事態を処理できなくなる。琉球国は、元来、中国との関係を欠いては成り立たないが、日本の「瑕瑾」になることや藩主である島津光久の体面にかかわることは琉球国の判断に委ねられない。「冠船」の使者にこのように述べて我慢してもらうのが妥当である。これによって「韃靼」(清国)が「兵船」を琉球国に派遣することもないだろう。また、琉球国が日本に随っていて薩摩藩から「御下知」が与えられていることも隠さない。一方、「韃靼」(清国)の使者が琉球の人の髪を剃る(弁髪)ようなことになれば、後々まで問題となる。このことを島津光久に伝えた上で、老中酒井忠勝《さかいただかつ》に内情を理解してもらい、老中たちに知らせてもらう。

このように薩摩藩の家老たちは評議し、まず江戸詰家老の島津久頼《ひさより》と島津久茂《ひさもち》に状況を伝える。薩摩藩の使者たちは、明暦元年八月五日、江戸に到着し、翌日の八月六日には江戸家老の島津久茂がこのことを薩摩藩主島津光久の名で「覚」にして老中酒井忠勝に上申し、さらに老中松平信綱にも伝えた。この「覚」の内容を確認する。

「韃靼」(清国)から琉球に「使船」が派遣される準備がなされていて、福建で大船が造られているという風説が「琉球人」からもたらされた。これを薩摩藩の長崎詰の家臣が「唐船之船頭」に確かめた。それは事実である、ということだった。このように国元が伝えてきた。もっとも琉球において「韃之使者」(清国の使者)がどのように申し渡すのか、という点は不明であるが「韃人」(清国人)の「位官衣服」にするよう求めるかもしれない。それは「琉球人」にとって「迷惑」なので、そうはさせないと主張すべきである。それを強く求められても、拒否させてもよいであろうか。琉球国が清朝の影響下(「旗下」)に置かれるのは毀損であり、このような事態は日本の体面にも良くないことである。どう対応すべきであろうか。このように島津光久は老中に指示を仰いだ。

明清交替と幕府の対応

幕府側も対応に苦慮したようで、それに指示を出すまでに二週間以上もかかった。この指示についても『始末之愚考』は詳細に記している。島津光久は、明暦元年(一六五五)八月二二日、江戸城で次のように指示された。琉球国に清朝から多くの人員が派遣される、とは考えられないが、もし使者がやって来て琉球国の人の髪を剃らせ衣服などを与えたら、それを受け入れさせる。これまで「唐江相従」(明に相従)って衣服や冠などを用いさせてきたのだから、今回も同じように対応する。

さらに老中酒井忠勝はこれ以外のことについては島津光久が決定するよう命じた。この指示は、明暦元年九月、薩摩藩の国元に届いた。薩摩藩は高崎能乗と本田親武を琉球国に派遣して、この幕府の指示を琉球国王と三司官らに伝えた。これは「倭琉一統之安堵」、すなわち日本と琉球国が安泰であるための指示として伝えられ、その後の判断の規準(「永年之御規鑑」)になった。

一方、順治帝は、承応三年(一六五四)に「冊封使」を派遣した。その任を受けた張学礼たちは福建において「大船」を建造したが海賊の横行を懸念して琉球国に渡航せず北京に戻った。その後、九年もの時が経過するうちに順治帝も死去し、かつて琉球国から派遣された「賀慶使」も多くが死亡した。康熙《こうき》帝が即位すると、このことが調査されて張学礼は遅延の罪に問われて官職を解かれた。しかし、その後、彼は特段の恩旨によって復職し、康熙帝の「勅書」を携えて、寛文三年(一六六三)六月、琉球国に来た。そのときは琉球国の王城が焼失していたので、尚質の仮宅の「大美殿」において「冊封」が行なわれた。これを『始末之愚考』は「明国滅て清朝より中山王の爵を受るは此時初てに御座候」と、琉球国と清朝の関係の始まり、と記している。

さらに『始末之愚考』は、「冊封使」の派遣が決定され福建において「大船」が建設されることになってから一〇年目に「冊封使」が琉球国に来たのは、海賊を懸念しただけではなく、薩摩藩の「慶長の征伐」(琉球征討)から四五年ほども経ったので、日本がどのように琉球国を「御守備」しているのかが不明だったからだ、と評している。

このように『始末之愚考』は、明清交替後の「冊封使」の派遣の状況を詳述していた。ポイントは二つあった。一つは、幕府・薩摩藩・琉球国の関係についての基本的な方針(「永年之御規鑑」)がこの過程で示されたことである。もう一つは、清国と琉球国の関係の形成の四五年ほども前に薩摩藩が琉球国を「征伐」していた、という点である。

この『始末之愚考』が、ペリー来航時の幕府の琉球国の政策の立案にあたって参照されていたのである。

5 「海岸防御筋御用」徳川斉昭の琉球国の認識と指示

「水戸前中納言殿御存念書」

幕府は、ペリーとの交渉で琉球国の所属の議論に備えて、その方針を協議していた。老中は、さらにこの問題に関する「水戸前中納言殿御存念書」と「琉球之儀ニ付応接方大意」と題する二つの書類を、安政元年(一八五四)五月二六日、米使応接掛に渡している。これらの書類は、嘉永六年(一八五三)七月三日に幕府の「海岸防御筋御用」に就任した前水戸藩主徳川斉昭《なりあき》によって作成されたものだった。彼は、開国期における幕府の対外政策に影響力を持つ立場にあった(44)。

第一の「水戸前中納言殿御存念書」から考察する。徳川斉昭は、琉球が日本(「東」)と清国(「西」)に随従していることをアメリカ人(ペリー)は十分に知っていてその所属を尋問してきた、と捉えていた。安政元年一月上旬にアメリカ船が琉球国に入港し、アメリカ人が琉球国について日本の「属国」なのか否かを問い質したとき、琉球人が清国の

「属国」である、と回答したのは「風説」だが間違いないだろう、と考えた。そして彼は、この問題は幕府と薩摩藩が協議して方針を決定した上で交渉すべきであるが、「情実」をアメリカ人に話す方がよい、と主張した。

徳川斉昭が示唆する「情実」を示す。彼は言う。琉球国は慶長年中（一五九六〜一六一五）から「松平薩摩守」（島津家）に「服従」し代々怠りなく江戸に「朝貢」してきた。その一方で、琉球国は清国の「正朔」（暦）を使っている。表立てて琉球国にその所属を尋ねれば「清国の属国」と答えるであろう。しかし琉球国は、二百数十年にわたって薩摩藩の「恩沢」を受け「永世」それに背かない。それゆえに薩摩藩は琉球国を厚く「撫恤《ぶじゅつ》」してきた。琉球国が「日本之属国同様」であることは「世界万国」も承知している。近年、外国は琉球国が小国であることを侮って勝手に入港して人を上陸させたり物品などを置くだけでなく、城に立ち入るようになった。外国人たちは清国には、これらのことを話しているのだろう。この状況について薩摩藩主の島津斉彬《なりあきら》は、外国人が薩摩藩に「無礼」を働いているのだ、と立腹している者もいるが、外国人は「乱妨」や「狼藉」はしていないので、こちらから争端を開くのも無益なので、そのままにしている、と申し立てている。

そのうえで徳川斉昭は、アメリカ側があまりに酷《むご》いことを言ってきたら、答えられない、として「申払」うべきだ、と主張する。さらに琉球国を「理不尽」に奪うようであれば、アメリカ条約（日米和親条約）も破断にする、という気持ちで米使応接掛が交渉に臨むべきである、と心積もりを記した。

「琉球之儀ニ付応接方大意」

徳川斉昭の二つ目の書類である「琉球之儀ニ付応接方大意」[45]を考察する。これは、琉球国の所属に関するアメリカ側との交渉を念頭に置いた想定問答集である。一一条からなっている。順に見ていくことにしよう。[46]

第一条は、アメリカ側が琉球国は日本の属国なのか、それとも清国のそれなのかを質問してきたときの回答である。アメリカ側がかつて幕府に松前・浦賀・琉球の三カ所に石炭を置きたい、と申し出たのは琉球国が「日本之属国」と心得ていたからではないのか、と応答したうえで、なぜ改めてそのことを質問するのか、と問い質す。

第二条は、第一条を受けて、アメリカ側がおそらく琉球国は日本の「属国」であろうと考えて、前にそのように述べたが、しっかりと承知したいので改めて質問している、と主張したときの回答である。それに対しては、琉球国は日本に属していて「薩摩国主」の「所領」である、と回答する。

第三条は、第二条を踏まえて、琉球国が日本の「属国」ならイギリス人やフランス人が長く「逗留」しているのを承知しているのか、とアメリカ側が質問したときの回答である。この質問に対しては、それは承知しているが「逗留」を許可したことはない、と回答する。

第四条は、琉球国が日本の「属国」ならば日本の自由にできるはずなのに、第三条のような状況をなぜ放置しているのか、と質問されたときの回答である。これには日本の他の島々と琉球国は異なり(「別段之儀」)、問題が生じて彼らから何か対策を講じたい、と申し出たときにそれが日本にとって不都合でなければ、それに許可も与えず、知らないふりをすることがある、と答える。

第五条は、第四条のように答えたときに、アメリカ側がそれならば琉球国から方策が上申されても放置するのか、と質問された場合の回答である。これには「事柄」による、と応答する。

第六条は、アメリカがイギリスやフランスのように琉球国に人を派遣してもやはり「存せぬふり」をするのか、と質問してきたときの回答である。これには、「不承置」と返答した上で、そのような質問は日本との「永久安全」を求めたいという「心情」とは相容れないので「訝《いぶか》しい」と切り返す。

第七条は、琉球国が日本の「属国」ならば「琉球之儀」は日本と交渉すればよいのか、と質問されたときの回答である。それは「事柄ニ寄」るので、その交渉を引き受けるときもあれば、「遠国之儀」なのでただちに琉球国に行って交渉するように指示することもある、と回答する。

第八条は、第七条を踏まえてより具体的に、琉球国との「交易」については日本と交渉すればよいのか、と質問されたときの回答である。「交易」の開始には琉球国の産物の調査が必要であり、さらには人々の心情がそれを受け入れる必要がある。日本は、アメリカに対して「交易」の開始の返答を延期しており、ましてや琉球国は遠国のことなので、容易には返答できない。このように回答する。

第九条は、琉球国の人々が、もしもアメリカに「随従」しても琉球国は他の島々とは異なるので日本はそのままにするのか、と問われたときの回答である。これには、質問の真情(「心底」)が分からないので、こちらの真情も述べない、と回答する。この第九条で、琉球国が他の島々と異なる、とあるのは第四条の回答を踏まえている。

第一〇条は、琉球国が清国の暦を用いてきたことや、琉球国の国王の代替わりに清国から「冊封使」が遣わされ、その一方で琉球国から清国に「進貢船」が派遣されているので「全清国之属国」である、と主張されたときの回答である。次のように回答する。日本は慶長年中に薩摩藩主が琉球国を征服して日本に「服従」させた。しかし、琉球国が明国の暦を利用することについてはそのままにしてきた。清国の時代になっても、それが琉球国に暦を与え「冊封使」を派遣することに関知しなかった。一方、琉球国は日本に「服従」し、薩摩藩の家来が琉球国を「取締」ってきた。日本の将軍の代替わりや琉球国王のそれには薩摩藩主に引き連れられて琉球国の人が江戸に来朝する。このように回答する。

第一一条は、琉球国が日本と清国に両属する「国柄」であれば、さらに他の国に属しても構わないだろう、と主張されたときの回答である。そのような主張には何か意図がある、と考えられるので返答しない、と答える。

徳川斉昭は、このような米使応接掛とペリーの想定問答(「自問自答」)を作成した。彼は、最終的には琉球国は「日本清国両属之事」としなければ不都合なのであり、日本は琉球国のことには関係しない(「不相構」)と述べたら、たちまちアメリカに取られてしまうので、しっかりと関係があることを主張すべきである、とこの書類の末尾に記している。

この想定問答によれば、徳川斉昭は日本が単独で琉球国を支配している、と主張するのは難しい、と認識していたことが分かる。また、老中は米使応接掛にこの斉昭の書類を「心得」として示しながらもアメリカ側と話し合わない方がよい、と五月二六日に指示している(47)。

6　琉米条約・琉仏条約・琉蘭条約の締結

琉米条約の締結

琉球国がアメリカ・フランス・オランダと締結した条約を考察する。本書の課題である国境の形成という点からこれらの三つの条約を考えるとき、三つ目の琉球国とオランダの条約の締結が重要である。そこで琉球国とアメリカおよびフランスとの条約の締結の経緯と内容を概括したうえで、オランダとの条約の締結の過程を詳細に見ていくことにしたい。

琉米条約は、安政元年(一八五四)六月一七日、締結された。条約は、アメリカと琉球国が「和睦相交」としたうえで交易の開始を規定している。条約の内容は以下の通りである。「薪水」はどこの港でも購入することができ、それ以外の「物品」については那覇での購入を許可する。アメリカの船舶が海難に遭遇した場合には救助し、その費用はアメリカが「償返」する。アメリカ船の船員が琉球国に上陸したときには自由に行動(「徘徊」)することができ、もし「不法ノ挙動」があれば捕縛して船長にその行為を伝える。また、アメリカ人のための墓地を保全する。最後に、アメリカ船が那覇に入港したときの「水先案内」には対価として五ドルを支払うことと、那覇において供給される薪水の対価が規定された(48)。

琉仏条約の締結

琉球国は、安政二年(一八五五)一〇月一五日、フランス艦隊司令長官のニコラス゠フランソワ・ゲラン提督(Nicolas-François Guerin)と琉仏条約を締結した。

フランスの軍艦ウイルジニー・シビル・コルベールの三艘が、安政二年九月二七日、那覇に入港した。ゲラン提督は、九月二九日、「和好交易」の条約の締結を求める書翰を琉球国の総理官に提出した。彼と総理官・布政官の会談が、一〇月一日、若狭町学校所において行なわれ、琉球国側は次のように主張した(49)。琉球国は産物が乏しく金・銀・銅・鉄なども無く「唐」(清国)への「貢物」も日本の属島である吐噶喇島(薩摩藩)の人を介して入手している。さらに凶作などのときには、米などを彼らに借りて凌《しの》いでいる。それなのにフランスと条約を締結しては、吐噶喇島(薩摩藩)の人たちはそれを嫌い、小国である琉球国は立ち行かなくなる。かつてペリーが「約条一件」を申し立てたときも、このように述べて要求を拒否した。しかし、その後、ペリーが日本と条約を締結して再び琉球国にやって来たので要求を拒否できず「薪水粮食」を給与し難破船を救助する、という条約を締結した。これは、日本とアメリカが条約締結した後なので吐噶喇島(薩摩藩)の人たちもそれを忌避しないと考えて結ばれたものである。そこで琉球国はフランスとも同様の条約を締結する(50)。

琉球国は従来の主張を繰り返したのであるが、最終的にはペリーと結んだ条約と同様のそれを締結した。琉仏条約が琉米条約と異なるのは、いわゆる最恵国の待遇がフランスには適用されることである。

琉蘭条約の締結

琉球国は、安政六年(一八五九)六月七日、那覇と運天における交易を承認した琉蘭条約をオランダと締結した。この条約の締結は琉球国とアメリカおよびフランスとの条約とは異なり琉球国の所属について複雑な問題を提起することになった(51)。

オランダ商館長のヤン・ヘンドリック・ドンケル・クルチウス(Jan Hendrik Donker Curtius)は、安政四年二月二日、ペリーが琉球国と締結した条約と同様のものをオランダと締結するよう長崎奉行の荒尾成允《あらおしげまさ》に求めた。クルチウスは、琉球国の「政務」は薩摩藩主と「日本政府」に関係があるので琉球国とオランダの条約は日本で締結できるだろう、と長崎奉行に申し入れた。そして、彼はこの条約の締結を長崎奉行から幕府と薩摩藩主に申し入れてほしい、と要請した(52)。

長崎奉行の荒尾成允は目付の永井尚志《ながいなおゆき》と岡部長常《おかべながつね》に相談し、安政四年二月、老中に二つの案を示して指示を仰いだ(53)。第一案は次のような内容である。アメリカとフランスが琉球国と条約を締結したことについては薩摩藩から幕府に報告されているが、それについての幕府の指示は承知していない。もしも幕府がそれらを承認するのであればオランダ商館長の申し入れも拒否できないだろう。前年の安政三年にオランダの「使節船」に渡した書翰には「朝鮮琉球は通信之国」と記したが、もともと琉球国は「偏小」なので日本に頼ってきたことは諸外国も心得ている。さらに毎年、オランダに渡している「御法令」には「琉球は日本ニ相従ふ国ニ候間、彼船《（琉球船）》奪い取るべからず」とあり、琉球国が日本に従う国であることをオランダに示している。また、琉球国は「通信」の国である、といってもその状況は朝鮮国とは異なっている。特に外国との関係について琉球国が独自に裁量する（「手限ニ取計候」）ことは不安がある。いずれにしても琉球国の「条約取結」については幕府が指示すべきである。その一方で、アメリカとフランスは勝手に条約を締結したのに、オランダだけは幕府が指示する、というのでは対応に相違が生じてしまう。しかし、これら二つの国は日本の状況を知らなかったか、ないしは琉球国が薩摩藩に「附属」している、と考えて幕府の指示を得ずに勝手に条約を締結したのかもしれない。それゆえ幕府がアメリカとフランスには琉球国との条約の締結について許可を与えず、オランダにだけその指示を与えても不都合にはならない。オランダは幕府から琉球国と条約を結ぶ許可を得て琉球国でそれを締結しようとしているが、オランダに琉球国との条約の締結の許可を与えて、その交渉の場所は長崎がよいであろう。薩摩藩の重臣と琉球国の高官を長崎奉行所に呼び寄せてオランダ商館長と交渉させれば、琉球国が日本に所属していることを海外に示せるし、さらにはアメリカやフランスへの今後の処置の規範にもなる。また、長崎奉行が九州地方を統括するという趣意（「九州鎮府之御趣意」）にも適《かな》う。長崎奉行の荒尾は、第一案としてこのような考えを示した。

次に第二案である。まず、薩摩藩にオランダ商館長が琉球国との条約の締結を希望していることを伝える。オランダの使節が琉球国に行っても問題がないよう処置することを薩摩藩に指示する。そして、長崎では交渉できないが、幕府はオランダの使節が琉球国で交渉することに異論がない、と琉球国に「御達」してあることをオランダ商館長に伝える。これが第二案である。

長崎奉行の荒尾はこのように長崎での交渉（第一案）と琉球国での交渉（第二案）の二つの案を上申した。

幕吏たちの評議

この長崎奉行の荒尾の上申についての幕吏たちの評議と、それへの奥右筆《おくゆうひつ》の意見を次に示す。[54] 奥右筆は老中が政策の判断を下せるように幕吏たちの意見を集約し、幕令案などの作成をその任務の一つとしていた。

この幕吏たちの評議と奥右筆の意見が「志《し》らへ」と題して『堀田正睦外国掛中書類』に収録されている。この「志らへ」とは老中がいろいろな事案を判断するために奥右筆が各部署から出された意見を取りまとめたうえで、老中の指示(「老中達」)の草案などを添付した書類である。

この「志らへ」には、長崎奉行の荒尾の上申について、第一に勘定奉行が、第二に評定所が、第三に大目付・目付が行なった評議と「老中達」が記されている。

勘定奉行は次のように上申した。長崎では交渉させず薩摩藩主の島津斉彬に処理を委任し、それをオランダ側に通告する、という荒尾の第二案を採用したらオランダ人は勝手に行動し始める。さらに、島津斉彬もこれをきっかけに交易品についての嘆願を幕府に出すようになり、不都合が生じる。また、奥右筆が作成した長崎奉行への「老中達」には、琉球国は「外国之儀ニ付、何れにも差図に及び難し」と記されている。しかし、そのようには指示できない。なぜならこれまで、毎年、オランダ商館長に「琉球之儀」は、日本に「従ふ国」と申し渡してきた。それゆえ、琉球国とオランダの条約の締結に幕府は指図できないという考えに反対する。この勘定奉行の評議で批判されている「老中達」については後述する。

評定所は、安政四年三月、次のように上申した。長崎に薩摩藩の重臣と琉球国の高官を呼び寄せてオランダ商館長と交渉させる、という第一案は不都合である。なぜなら将軍ならびに琉球国王の代替わりのときに琉球国の使者が日本に派遣されてはいるが、琉球国に日本の支配(「政教」)が及んでいるわけではない。また、琉球国は清国から「冊封」を受けており日本の完全な属国（「全之属国」）でもない。幕府がオランダ商館長に申し渡している「御法令」に琉球国が日本に「相従ふ国」と記されていても、そのことを清国はもちろん琉球国さえ知らないのである。それなのに琉球国の人を長崎に呼び出してオランダと条約を結ばせる、というのは「穏当之御処置」とはいえない。もし琉球国がそれを承知して条約が締結されても、あとで問題が生じたら琉球国は幕府にその処理を依頼するだろう。そして、幕府はそれを解決しなければならなくなる。国内でさえも多端なのに「他国之儀」まで抱え込むことなどできない。また、条約のことについて国命を受けた使節が、オランダから派遣されているわけでもないのにオランダ商館長の申し出だけで琉球国の高官を呼んで交渉させるのも問題である。それゆえ、長崎で交渉を行なわせるという長崎奉行の荒尾の第一案は受け入れられないものの、琉球国の条約のことは日本が扱うべきことではない、と明言（「仰切」）することもできない。これまでオランダ商館長に示してきた「御法令」の文章には琉球国は、日本に「従ふ国」とあるからである。この「御法令」の趣旨にも沿うような対応をしなければならない。そこで薩摩藩主の島津斉彬と長崎奉行に次のような達を出す。この評定所が考案した二つの達案を示す。

まず、薩摩藩主島津斉彬への達案である。琉球国がアメリカおよびフランスと条約を結んだので、オランダも同様の条約の締結を求めてきた。それゆえ、いずれオランダから使者が派遣されるので、このことを薩摩藩が琉球国に通知する。

次に長崎奉行への達案である。琉球国とオランダ商館長が長崎で交渉して条約を締結することは許さない。オランダの使者が琉球国に行くことになる。そして、このことを事前に琉球国に通達し、さらにオランダ商館長にこれらのことを申し渡す。

評定所はこのように薩摩藩主島津斉彬への達案と長崎奉行への達案を示したうえで、幕府が琉球国の条約の締結にどのように関わるのかについて、その考えを示した。条約締結の可否の判断は幕府がする。そして、条約を締結すると決定した場合には、その個別の条項はオランダと琉球国に任せる。このようにすることで琉球国が「御国ニ従ひ居候意味」を失うことなく問題を処理できる。

これについて奥右筆は次のように意見を付している。琉球国とアメリカおよびフランスの条約については薩摩藩主の島津斉彬から幕府に届けられたが、それについて幕府は「可否」を示していない。それなのに今になってこの問題に言及するのは幕府の「御威光」にかかわる。また、琉球国とこの二つの国との条約も許可したかのように捉えられてしまい不都合である。このように奥右筆は評定所の考えを批判した。後述する奥右筆の薩摩藩の家来と長崎奉行への指示と比較するとより明瞭になるのであるが、奥右筆はこの事案に幕府が介入せずに琉球国とオランダの間で処理させようと考えたのである。

大目付・目付は、評定所と同じ内容の評議であったと奥右筆は記している。

次に奥右筆がこの評議のために作成し廻覧していた「松平薩摩守家来江達之覚」と「長崎奉行江達」を示す。

薩摩藩主島津斉彬の家臣に通知する「松平薩摩守家来江達之覚」は次のような内容であった。オランダは、琉球国とアメリカおよびフランスが条約を締結したので、それらと同等の条約の締結をオランダ商館長を通じて申し入れてきた。今後、オランダが使節を琉球国に差し向けるかもしれないので、そのことを心得ていてほしい。この奥右筆の「松平薩摩守家来江達之覚」には評定所の薩摩藩主島津斉彬への達案にあった、このことを薩摩藩が琉球国に通知する、という文言は記されていない。

この薩摩藩主島津斉彬の家臣への「松平薩摩守家来江達之覚」は、安政四年六月二八日付で老中堀田《ほった》正睦《まさよし》から薩摩藩の家臣に「達」として出された。この老中の「達」には、既述の内容に加えてオランダの使節が琉球国に渡来したときには琉球国の取締りを厳重にするように、という文言が付け加えられている[55]。

次に「長崎奉行江達」を示す。長崎奉行の荒尾成允が提案した琉球国とオランダの条約を長崎で交渉させて締結するのは許可しない。さらに条約の交渉のためにオランダが使節を琉球国に派遣する、という点についても指図できない。なぜなら琉球国は「日本にしたがふ国」といっても元来は(「素より」)「外国之事」だから条約について指示できない。この考えを基本にしてオランダに対応する。

評定所の長崎奉行への「達」では、オランダの使者が琉球国に行くことを事前に琉球国に伝えてある、とオランダ商館長に申し渡す、とあったが、奥右筆は長崎奉行に琉球国のことは「外国之事」なので指図、それ自体ができないので言及してはならない、という「長崎奉行江達」を作成したのである。また、勘定奉行が、幕府はオランダ商館長に琉球国は日本に「従ふ国」と申し渡してきたのだから、いまさら琉球国が「外国之儀」なので指図できない、という「老中達」など作成できない、と批判していたのはこの奥右筆の「長崎奉行江達」を批判していたのである。この「長崎奉行江達」は長崎奉行に実際に発給された、と推定される[56]。

オランダ商館長が琉球国との条約の締結の許可を長崎奉行、すなわち幕府に求めてきたことは幕府と薩摩藩と琉球国の関係を公式にどのように示すのか、という問題を生じさせた。この点で琉球国とアメリカとフランスの条約は、「志らへ」にあったように、薩摩藩の島津斉彬から幕府に通知されたが、幕府はそれに「可否」を示していない、と言い逃れることができた。しかし、オランダとの条約の問題はそれを許さない状況を創出した。

老中の裁定と薩摩藩

薩摩藩の島津久宝と新納《にいろ》久仰は、安政四年(一八五七)七月二八日、琉球国の大里王子・座喜味親方・池城親方にオランダとの条約の締結に関する薩摩藩への幕令を次のように知らせた。

オランダ商館長が琉球国とアメリカおよびフランスが結んだのと同様の条約の締結を求めてきた。いずれオランダの使節が琉球国に差し向けられるので、それを心得ておいて来航時には琉球国の取締りを厳重にする。このように老中堀田正睦から通知された。

薩摩藩は幕令を琉球国側に伝えたうえで、オランダへの対応策を示した。近いうちにオランダの「使節船」が琉球国にやって来るので、アメリカとの条約に準拠して交渉する。琉球国が清国の「封爵」を受けている一方で、「日本江随従」していることは、「唐国」(清国)はもちろんのこと諸外国にも秘密にしてきた。それゆえアメリカなどとの条約の締結のときは琉球国の役人が対応した。しかし、オランダは古くから日本と「通商」が許されてきた国である。また、オランダ人たちは長崎に在留しており、琉球国が薩摩藩に「進貢」していることを承知している。彼らは、これらのことを勘案して琉球国との条約のことを幕府に願い出た。オランダ人に琉球国と日本および清国との関係の実態を秘密にし続けても、それは彼らの感情を害するだけである。そこで、オランダ人との交渉のときは薩摩藩から琉球国に派遣されている役人(「大和役」)も同席させる。役人(「大和役」)の同席が清国に伝わっては琉球国に不都合が生じるので、清国にはいっさい、これらについて話が漏れないように関係者の取締りを行なう。このように薩摩藩は琉球国側に通知した。(57)

琉球国側はこの指示に納得せず、安政四年八月二九日、次のように意見を提起した。西洋の国々と条約を結んでたくさんの外国船に「所望物」を給与することは琉球国の疲弊を招くのである。これまでアメリカやフランスとは仕方なく条約を締結した。今回のオランダとのことはすでに幕府が承諾していて、さらにアメリカと同様の内容であればこの点についてては問題ないであろう。しかし、オランダの使節が琉球国に来たときに薩摩藩の「大和御役々」がその交渉の場にいることは不都合である。なぜなら琉球国が薩摩藩の影響下（「御幕下」）にあることは、清国（「中国」）にも西洋諸国にも「隠密」にしてきた。清国にそのことが伝われば琉球国は「進貢」を中止させられる。「大和役」の立ち合いは、なんとか中止してもらいたい。琉球国から薩摩藩に使者を派遣してこのことを願い出たい。このように琉球側は意見を上申した(58)。

「極内々カヒタン迄申入候ケ条」

薩摩藩は、安政四年（一八五七）九月三日、「磯御茶屋」において摩文仁親方と恩河親方にオランダの使節への対応をより具体的に示す。ここで薩摩藩は「極内々カヒタン《商館長》迄申入候ケ条」に従って、来年の琉球在番奉行の高橋縫にこの問題を取り扱わせる予定であることを伝えた(59)。

この薩摩藩が極秘にオランダ商館長に申し入れようとした「極内々カヒタン迄申入候ケ条」を考察する。この文書は『異国日記』に「此節長崎之和蘭人江申達候箇条」という名称で収録され、安政四年九月付で三条からなっている(60)。まず、第一条である。琉球国が日本に「通信服従」していることを清国には秘密にしてきた。それは琉球国の清国への「進貢」の障害になるからである。外国からその情報が清国に漏れることを懸念して「異国船」が琉球国に渡来したときも「日本」との「通信」関係は「押隠し」て、日本の属国である「トカラ島人」が日本の物品を琉球国に運搬しているのであり「日本船」が琉球国に来てもそれは「トカラ島船」である、と説明してきた。今回、オランダ人が琉球国に来ても「表向」はそのように回答する。しかしオランダ人は長崎に滞在していて実態を知っているので、その説明を「偽り」と考えるであろうが、那覇では琉球国の人の話をそのまま聞いてもらう。そこにはフランス人が滞在しているので問題が生じないようにオランダ人に配慮してもらう。このように日本と琉球国の関係の実態が清国

(「唐国」)に露見しないようにオランダ側に頼み込む。これが第一条である。

次に第二条である。第二条は、第一条を踏まえて、オランダ商館長に依頼する内容が記されている。オランダの使節が最初に琉球国に来るときに那覇では十分に話し合えない。特に、那覇にはフランス人がいるので、そこでは日本の役人は面会できない。まず、オランダの使節には「大島」という「琉球属島」のうちの「日本支配之島」に立ち寄ってもらい、そこで薩摩藩の役人と会談してもらう。この会談の後で琉球国の運天という田舎(「辺鄙」)にオランダの使節に来てもらい薩摩藩と琉球国の役人と条約の交渉を行ない、内々に「約定」を取り決める。その後で那覇に移動してもらい、今度は琉球国の役人と正式(「表向」)に条約を締結する。このように第二条は、条約の締結のプロセスをオランダ商館長に申し入れるというものであった。

次に第三条である。第三条は、第二条を踏まえて、オランダ側に申し入れる交易品の内容が記されている。琉球国は「小国」なので物品が少ない。それゆえ那覇に毎年、交易に来られてもそれには応じられない。「約条書」に交易のことが規定されても、毎年、那覇に入港するのは控えてほしい。那覇では「薪水食料欠乏之品」については準備するので、止むを得ない場合にのみ那覇に入港してほしい。その代わり「交易望之品」があるときには、フランス人がいなくて日本の役人がいる「大島」に入港して調達してほしい。このように第三条は薩摩藩の管轄下にある「大島」での交易をオランダと行なう、というものであった(61)。

この交易について、薩摩藩の山田壮右衛門は、九月二七日、摩文仁親方と恩河親方に「約条書」には交易については掲載せず「亜国約条之大意」で行なうように指示している(62)。

大島開市

薩摩藩の大島での交易計画は琉球国の所属の問題と密接に結び付いていた。この計画の推移を示す。薩摩藩の御小納戸の井上庄太郎と御軍役方の相良弥兵衛は、安政四年(一八五七)九月中旬に長崎に派遣され「琉球大島開市ノ手続ヲ和蘭人へ内談シタ」のであった(63)。このオランダ人への内談が「極内々カヒタン迄申入候ケ条」であろう。

長崎御附人の染川喜三左衛門と御小納戸の井上庄太郎の書翰を携えて長崎を出航したオランダ船が、安政四年一一月八日に長崎から那覇に到着した。このオランダ船の船員は安政三年に宮古島に漂流したオランダ人の引き取りと開市のための港湾の「善悪見定メ」のために渡来した、と述べた。そして、漂流人を「撫育」してくれた「謝恩」のために一〇カ月後に運天に行くと申し立てた。

薩摩藩は、オランダと琉球国との条約締結の動きを利用して大島で交易を行なおうとした。しかし、この計画は藩主島津斉彬が安政五年七月六日に死去したことで中止される(64)。

本書の国境の形成という視点から考えたとき、アメリカやフランスと異なり、琉球国と清国および日本の関係の実態をオランダが理解しており、これまでのようには対応できない、と捉えられていた点に留意したい。すなわち南方の境界領域において隠蔽されていた近世的なからくりが徐々に解体されていったのである。

第2章 樺太と千島列島——近世後期の北方

1 樺太問題の発生と取り調べ

ロシア条約

開国期において北方の境界が問題になったのはロシア使節エフィーム・ヴァシーリエヴィチ・プチャーチン（Ефимий Васильевич Путятин）の来航が関係していた。プチャーチンは、嘉永六年（一八五三）七月に長崎に来航し、八月一九日、宰相カール・ヴァシーリエヴィチ・ネッセルローデ（Карл Васильевич Нессельроде）の書翰を長崎奉行の大沢秉哲《おおさわのりあき》に提出した。その書翰は、交易の開始と樺太《からふと》および千島《ちしま》列島における国境の画定を求めていた。これを契機に露使応接掛の筒井政憲《つついまさのり》と川路聖謨《かわじとしあきら》は、プチャーチンと長崎および下田において国境交渉を行ない、安政元年（一八五四）一二月二一日、ロシア条約（日魯通好条約）を締結した。その第二条において、北方の国境は次のように決定された。千島列島に関しては、エトロフ島とウルップ島の間を国境とする。樺太については「日本国と魯西亜《ロシア》国の間において界を分たす、是迄仕来之通たるへし」とする。[65]

この樺太の条文については、日本側が現状の維持（「是迄仕来之通」）に解釈の重点を置いていたのに対して、ロシア側は国境を画定しない（「界を分たす」）という点にそれを置いていたことが秋月俊幸の研究によって明らかにされている。さらに、日本側はこの「是迄仕来之通」をアイヌがいるホロコタン（西海岸の北緯五〇度付近）と捉えていたことが榎森進によって指摘されている。この点を確認したうえで、北方の境界が決定される過程を見ていくことにしたい(66)。

長崎交渉と北方の国境

幕府が、プチャーチンとの交渉において境界をどのように画定しようとしていたのか、という点を最初に取りあげる。老中は、嘉永六年（一八五三）一〇月八日、川路聖謨（勘定奉行）・筒井政憲（西丸留守居）・荒尾成允《あらおしげまさ》（目付）・古賀《こが》謹一郎《きんいちろう》（儒者）を露使応接掛に任命した。そのうえで、老中は、一〇月二九日、川路と筒井に応接の方針として国境（「界を定候儀」）と交易（「通信通商」）についての応答は行なわないことを「基本」とするように指示した。しかし、ロシア側がそれに納得しない場合には、将軍の交代が終わり、「旧記取調」などができたうえで領主（松前藩主）とアイヌの考えも聴取したのちに、日本とロシアの双方から役人を派遣して境界を決定するので、数年の時間が懸かる、と伝えるように指示した(67)。

長崎における国境の話し合いは、実際には露使応接掛たちの考え（「全我等之了簡」）として行なわれる。露使応接掛たちは、嘉永六年一二月八日から一二月一〇日にかけて相次いで長崎に到着した。長崎での交渉は、一二月一四日に始まり安政元年一月八日にロシア船が出航するまで行なわれた。

露使応接掛とプチャーチンの間で実質的な交渉が開始されたのは、嘉永六年一二月二〇日のことである。これに先立ち宰相ネッセルローデ宛の老中書翰が、一二月一八日にロシア側に提示された。この老中書翰には次のように記されていた。国境（「辺地界目」）について日本側に不明瞭な点はないが、ロシア側が「不分明」であるというのなら、日本も大名（松前藩）に指示して調査をしたうえで、両国から担当者を出して取り極める。しかし、大名による調査や根拠となる絵図ならびに文献の調査に時間を要するので、すぐにこの問題を解決することはできない(68)。老中は、プチャーチンにこのように回答したのであるが、実際にどのように国境の交渉が進展したのかを見ていきたい。

露使応接掛の国境認識

津山藩士で露使応接掛附だった箕作阮甫《みつくりげんぽ》は、嘉永六年一二月一〇日、川路から次のように国境について話されている。ロシアに「寸地」でも与えれば海外の事情を理解しない者たちが「争議」をなして老中も「世に立つこと」ができなくなる。それだけでなく川路のような者まで切腹して「外耻（恥）」を雪《すす》ぐしかなくなる。国境についてはウルップ島と樺太の五〇度までを日本領とする。さらに、樺太において小規模な交易を行なう(69)。

このように川路は箕作に国境についての考えを示した。この話が記された箕作の『西征紀行』には千島列島について「ウルツフ（ウルップ）に限り」と記されているが、ウルップ島を日本領にするのか否かは明確でない。この点も含め、北方の国境にとってこの川路の発言は重要なので、杉谷昭の『西亭私記』の分析を参照しながらさらに考察する(70)。千住代之助《せんじゅだいのすけ》は、一二月一九日、箕作阮甫を訪問して、国境について「川路私案の説は如何」と川路の考えを質問した。箕作はこれに「東はエトロフ、北はカラフト五十度迄は、元来日本の域と究りしものを、今あたらに他属するやふにては、邦人決して承まじく」と回答している。川路の方針（「私案」）は、千島列島についてはエトロフ島とウルップ島の間を、樺太については北緯五〇度までを日本領とするものであった(71)。

ゴロブニンの『遭厄紀事』

川路はこの主張を裏付けるための根拠を探す。この点についても箕作阮甫の『西征紀行』に依拠して考察する。箕作は、嘉永六年(一八五三)一二月一一日、川路の旅宿に呼ばれた。箕作が行ってみると、そこにはオランダ語通詞の森山栄之助《もりやまえいのすけ》がいた。森山は、オランダ商館長のドンケル・クルチウスの次のような話を箕作に伝えた。樺太が日本の領土であることは、ロシアのヴァシリー・ミハイロヴィチ・ゴロブニン(Василий Михайлович Головнин)の『遭厄紀《(記)》事』にも記されており、ロシアが樺太を領有しようとしてもその北緯五〇度以南が日本領ではない、と彼らは主張できない。このような情報が森山によってもたらされた。

このゴロブニンの『遭厄紀事』にはそのようなことが書かれているのであろうか。『遭厄紀事』は、ディアナ号による世界周航の途中にあって、クナシリ島で文化八年(一八一一)に日本側に拘留されたロシアの海軍士官ゴロブニンの手記である。その正式名称は『日本人の捕虜であった艦長ゴロブニンの冒険についての手記』である。江戸時代に翻訳されたときは『遭厄日本紀事』と題名が付されていた。その後、明治二七年(一八九四)に日本海軍の軍令部によって『日本幽囚実記』として翻訳された。一般には井上満訳の『日本幽囚記』(岩波文庫、一九四三年)によって知られている[72]。

『遭厄紀事』の内容に戻ろう。箕作がクルチウスの話を確認するために『遭厄紀事』を読んでみることになった。森山栄之助がこれをオランダ商館から借り出した。借り出してみると、この『遭厄紀事』は英訳本だった。箕作は、一二月一二日、川路のところで、この『遭厄紀事』の英訳本を実見している。これは一八二四年に英訳されたもので原本のロシア語版にある「高田屋嘉兵衛の像」は無かった。

ロシア人のゴロブニンの手記であっても、英訳本では主張の根拠としてロシア側に示すのには問題がある、ということになった。そこでオランダ商館長のクルチウスに英訳本の『遭厄紀事』から必要な部分をオランダ語に訳出させることになった。箕作の『西征紀行』の一二月一二日条によれば、森山栄之助がクルチウスに訳出させようとした箇所が分かる。その箇所とは、

　唐太島を仏蘭西《フランス》人五十年前に犯せしに、我より支那へ申入られ、支那人仏蘭西を諭して、兵を解かしめ、唐太島ハ、永く我と支那との有となりぬ(73)

である。箕作は、この森山の話を「甚た恠《怪》しき事」と疑いを持ちながらも、もしそのようなことが『遭厄紀事』に記されているのなら樺太の「五十度以南」が「我属島」であることは明らかである、と『西征紀行』(一二月一二日条)に記している。箕作は、クルチウスが英訳本の『遭厄紀事』をオランダ語に翻訳したものを一二月一四日から日本語に重訳している。

　実際に、ゴロブニンの『遭厄紀事』には、そのようなことが記されているのであろうか。確認してみよう。ゴロブニンは『遭厄紀事』の中で樺太の国境について二つ記している(訳出には『日本幽囚記』〈井上満訳、岩波文庫版〉を参照した)。

　第一に『遭厄紀事』の「地理的状況・面積および気候」の節では「松前(島)の北方にサハリン島があり、そのもっぱら南半分は日本人に属し、もう一方の半分は中国人に所属している」とある(74)。

　第二に、サハリン島を日本が領有した経緯について『遭厄紀事』は「ラペルーズがこの海域に来るまで、日本人はサハリン島に陣営などはもっていなかった」と明記する。日本人はサハリン島の住民(アイヌ)と交易をするために来るだけだ、とその関係を説明したうえで、

　ラペルーズが二艘の軍艦で現れたとき、日本人はヨーロッパ人がサハリン島に植民したがっているのではないか、

と疑ってサハリン島の南部を占拠した。そして中国政府にもしもヨーロッパ人が隣人になったら脅威になる、と申し入れた。それで、この二つの国民はヨーロッパ人にサハリン島の植民をさせないために、それを二つに分割することに同意したのであった

とジャン・フランソワ・ラペルーズ(La Pérouse Jean François)の来航と国境の形成について示唆する。そして「現在、サハリン島の北半分は中国人に属し、南半分は日本人に属しているのである」と位置づけた(75)。クルチウスは正しかった。このラペルーズは太平洋の周遊の際に一七八七年に樺太に来たフランス人である(76)。

外国地図による主張

露使応接掛たちは、樺太の半分、すなわち北緯五〇度までを交渉で主張するのであるが、対話書によればその根拠になったのは外国の地図に北緯五〇度までが日本領として色分けされている、ということだった。勘定組頭の中村為弥《なかむらためや》は、安政元年(一八五四)一月六日、樺太の北緯五〇度までが日本の領有であることは「外国之地図」にもある、とプチャーチンに述べている。露使応接掛の筒井政憲と川路聖謨も、一月六日付でプチャーチンに宛てた書翰で樺太の北緯五〇度までが日本の領土である根拠を「外国彫刻之地図」に求めている(77)。

次に、この樺太の北緯五〇度までが日本の領土である、と主張する根拠として露使応接掛たちが外国地図を見出した経緯を紹介する。最初に露使応接掛の古賀謹一郎の『西使日記』の安政元年一月三日条を取りあげる。この一月三日の会議で「北境之議」について古賀謹一郎と川路聖謨の間で話し合いになった。古賀は、必ず北緯五〇度を「限界」(境界)にすべきだ、と主張した。川路は、それに対して「定界」(国境)と「互市」(通商)について露使応接掛は交渉することを許されておらず、北緯五〇度との発言はできない、と反論した。さらに、川路は古賀の発言の根拠を問

い質《ただ》した。それに古賀は次のように返答した。川路は、しばしば自らのことを「全権」と言っている。しかし、現在、日本の領土(「皇邦版籍」)が縮小されていくのをただ手を拱《こまね》いて黙っていては「全権」の任務は果たせない。樺太の国境が「五十度」であるというのは「全世界」の「公論」である。もし、それが信じられないなら外国の地図(「洋図」)で緯度を比較すればよいのである。そうすれば境界は自然と決まる。川路はこの古賀の主張を信じなかった。そこで長崎奉行の水野忠徳《ただのり》にオランダ商館から地図を数枚、借り受けさせた。それらは比較すると、ほぼ北緯四九度より南に境界が引かれているものはなかった。これで川路は北緯五〇度を主張するようになったのである(78)。

このように、樺太の北緯五〇度までが領土である、という日本の主張は、事前にその根拠があったのではなく、北緯五〇度という主張に見合うように、その根拠を探し出して行なわれたのである。

樺太調査と国境認識

幕府は、長崎に露使応接掛を派遣する一方で、松前藩の領地であった蝦夷地の状況を調査して、プチャーチンとの国境交渉に必要な情報を収集することにした。

その調査の中心は村垣範正《むらがきのりまさ》と堀利忠であった。特に、村垣は、安政元年(一八五四)一月一四日に「勘定吟味役」に就任すると同時に「海岸防御筋之御用」(「海防掛」)と「松前并蝦夷地之御用」を命じられ、北方における境界問題を担うことになる。彼は、二月八日、「松前并蝦夷地」への出張を老中阿部《あべ》正弘《まさひろ》から命じられ、三月二七日に江戸を出発し、蝦夷地、特に樺太の調査を実施したのち一〇月一五日に江戸城に戻る。彼は、この調査の情報をもとにしてプチャーチンとの下田交渉で国境の交渉を担当する。

この樺太を中心とした蝦夷地の調査について次の二つの点から見ていくことにしたい。第一は、村垣らが蝦夷地に出発する前に、江戸で行なわれた北方地域についての情報収集である。第二は、彼らによる樺太の調査内容である。

佐口宗三郎の意見書

幕府は、村垣らを蝦夷地に出発させる前に北方地域についての情報を収集し彼らに示した。どのような情報が集められ、彼らに示されたのかを知るために村垣の日記である『村垣範正淡路守公務日記』の安政元年(一八五四)一月二八日条を示す。これによれば村垣範正と堀利忠は、若年寄遠藤胤統《えんどうたねのり》から蝦夷地関係の書類を三つ回覧されている。第一は、西丸留守居の戸川安清《とがわやすずみ》が提出した「旧記絵図面類」である。これは戸川安清の亡父である松前奉行の戸川安論《やすとも》が「松前蝦夷地御用」を務めていたときのものだった。(79) 第二は、西丸留守居の手附添番であった佐口宗三郎の意見書である。第三は、小姓組溝口讃岐守配下の高橋三平の意見書である。ここでは第二の佐口宗三郎の意見書を取りあげる。

この意見書は「奥蝦夷地疆界之儀取調候趣申上候書付」(以下「書付」と略記)という題名である。(80) 佐口宗三郎は言う。嘉永六年(一八五三)の六月にロシア人(プチャーチン)が長崎にやって来て「北境」の画定を求めた、という噂と同年の九月に外国人が樺太に来てそこにいた漁場の番人たちが逃げ帰った、という松前藩の幕府への報告を知った。これにより「夷国境」の「御取調」が行なわれる、と考えた。そこで、現在は隠居しているものの、かつて蝦夷地に在勤し、樺太だけでなく千島列島のラッコ島(ウルップ島)も廻島したことがある実父の庵原亮平の書類をもとに北方地域の状況を調べた。佐口は「書付」を上申した経緯とその情報源をこのように記した。

次に佐口の「書付」を示す。まず千島列島についてである。文化八年(一八一一)にクナシリ島で捕縛された七人のロシア人(ゴロブニンの一行のこと)を受け取るために文化一〇年に箱館に来たロシア人が国境の画定を求め、さらに

「応接所」を建設したい、と申し出た。松前奉行は幕府に上申しなければ回答できない、と保留しながらも、日本はエトロフ島まで、ロシアは「シモシリ」(シムシル)島までを領有し、ウルップ島は「空島」として人家を設けなければ、互いに会うこともなくどちらも安全であろう、と述べて帰国させた。その後、松前奉行の服部貞勝《はっとりさだかつ》がこのことを幕府に上申したところ、翌年の文化一一年の春に、上申の内容に沿った「御諭書」を作成してロシアに通知することになった。しかし、この「御諭書」はロシア側に渡されることはなかった。それでも、この内容についてゴロブニンらに申し諭《さと》したのでロシアはそれを承知している。その後、文政期(文政四年〈一八二一〉)に蝦夷地を松前藩に戻したところ、まもなくウルップ島にロシア人がたくさんやって来てラッコ猟を行なうようになった。それは一時的なものではなく「永住之姿」であった。

佐口は千島列島の境界の状況をこのように説明した。彼はこれを踏まえて境界についての考えを、三代将軍徳川家光の談話を引用しながら示した。かつて家光は、日本の国内での合戦は勝っても負けても日本の「内事」であるが「日本之土地人民」を外国(「夷国」)に取られては「日本之恥辱」になる、と考えて「御掟」を長崎奉行に与えた。佐口はこれを「明君之御金言」と評する。

この「御掟」は、甲斐庄正述《かいのしょうまさのぶ》が長崎奉行に任じられて徳川家光に謁見したときに、長崎奉行がいかに重要な職務であるのかを説いた台詞である。(81)『徳川実紀』第三篇の「大猷院殿御実紀附録」の第四巻に、その台詞は掲載されている。台詞の全体を示す。

日本のことは、徳川家のことであれ他家のことであれ土地を取っても取られても国内のことなので「一分の耻《(恥)》」である。しかし、もしも「外寇」によって「寸地」でも「辺境」を掠《かす》め取られたならば、それは「日本の耻」となる。それゆえ長崎奉行の役職は大切なのである。しっかりとその職務を果たす必要がある。(82)

甲斐庄正述が長崎奉行に就任したのは慶安四年（一六五一）なので、そのときの話である。佐口はこの徳川家光の言葉を記して、国境の問題で譲歩することは「日本の耻」と示唆したのである。

佐口の意見書に戻ろう。次に、彼は樺太について記す。「北蝦夷地」すなわち「唐太」（樺太）は、「サハリン」と「エシユウ」によってできている。「サハリン」では、清国が乾隆年間（一七三六〜九五）に、日本に何の断りもなくそこにいる「酋長」に「爵」を与えて「新疆之版図」に入れた[83]。これを踏まえて彼は樺太で行なわれている黒龍江下流域の民族との交易、いわゆる「山丹人交易」について言及する。樺太における「山丹人交易」は、清国が「通商之国」なので許されてきた。「山丹人」は小船でやって来て「錦」「切古《(古切カ)》」「着るい」「煙管」「虫巣玉」などを交易していった。

この交易で樺太のアイヌたちは「山丹人」に借財ができた。そのためにアイヌが「質」として連れて行かれた。そこで、松前奉行支配調役並の増田金五郎と佐口の祖父である庵原直一が、これでは人口減少になってしまう、と懸念して七年かけてアイヌたちを取り戻した。そして、「山丹人」とアイヌに貸借の禁止を命じて、それを「誓詞」にして樺太南端のシラヌシにある「氏神之社内」に保管した。その後、文政四（一八二一）に蝦夷地を松前藩に返還するときに、このことを申し送ったが、この「掟」はアイヌを使役して漁業を行なう場所請負商人たちに任されたために守られなくなった。そして、再びアイヌの「山丹人」に対する借財が増えて、彼らが「質ニ取られ」ている。佐口はこのように聞き及んでいた。

佐口は、樺太における清朝・「山丹人」・アイヌ・日本人の関係を以上のように捉えていたのであるが、彼によれば、このような関係はある時期に大きく変化する。この樺太の境界における変化を次に考察する。

佐口宗三郎の北東アジア認識と樺太

その変化の切っかけは、天保一一年(一八四〇)のアヘン戦争だった。佐口は、アヘン戦争が樺太に与えた影響を明記する。清国は「満州之兵」を集めて、彼らをイギリスの攻撃からの防御に充てた。しかし、ヨーロッパの武器による攻撃の激しさ(「西洋火攻猛烈」)に粉砕され多くの兵士が死亡してしまった。これにより満洲を守る兵士(「満州鎮守之兵数」)は激減し、この地域の防備や統治は弛緩してしまった。さらに数年におよぶ重い徴税と厳しい統治に晒《さら》されて「叛乱之徒」も出るという状態になり、清国はこれらの地域の統治ができなくなった。

そこでロシアがこのチャンス(「虚」)を伺って進出してきた。住民は疲弊していたので「干戈を用ひす」、すなわち戦争することもなく満洲にロシアの影響力が及ぶようになった。さらにロシア人が、黒龍江の東の方に来てみると「山丹人」が散在しており、樺太にはオロッコやスメレンクルなどの「異人」たちがいた。ロシアはここを満洲の「出嶋」と考えた。このような情報を彼は得ていた。

佐口の実父である庵原亮平が、かつて樺太を廻島したときには「ラッコ」(ナッコ岬)までが日本の版図であった。また、そこにはオロッコやスメレンクルが入り組んで住んでいた。その後、松浦武四郎《まつうらたけしろう》が、嘉永三年(一八五〇)に出版した「蝦夷大概図」(「蝦夷大概之図」)によれば、オッチシ(「イト井辺」)より北の方にはもっぱらスメレンクルが居住している、と記されている。佐口は、松浦武四郎の「蝦夷大概図」を見て、オロッコとスメレンクルが南下してきた、と考えた。

佐口は、北方地域における境界の変容をこのように記したうえで、プチャーチンとの交渉について提言する。現在、ロシア人(プチャーチン)は「唐太島南岸」について交渉する、と主張しているがロシア人はクシュンコタンとシラヌシを国境にしようとしている。すなわち、樺太のすべてをロシア人は取ろうとしている。しかし、日本は「ラッコ」

（ナッコ岬）辺までを領有して、ロシアには満洲地方の「モチツブカモフタ《モチフカマヲタ》」までを領地とする。その間の間宮海峡にある海中の八島を「中央」と位置づける（次ページ図1参照）。

この樺太の国境についての提言を、彼は千島列島における国境の事案を念頭に考案したのだった。彼は説明する。千島列島において、日本はエトロフ島までを、ロシアはシムシル島までを領有し、その間にあるウルップ島は「空島」にして人家を設けない、というのが幕府の考えであった。これを樺太の国境にもあてはめて間宮海峡にある海上の八島を「中央」と位置づけて「空島」にする。

このウルップ島を「空島」にして立入禁止区域にする、という考えはゴロブニン事件のときに考案された千島列島における国境の取扱いであった。この点については本章第3節の「近世後期における千島列島の境界」の項で詳述する（七二ページ参照）。

佐口はこのような案を示したうえで、「山丹人」に負債のある樺太アイヌが「質に取られ」たことを再び取りあげる。彼は言う。かつてアイヌが連れて行かれたのは「通商之国」である清国だったので問題もなかったが、ロシアがそこに進出して彼らのものになったので、アイヌはロシア人に「質」に取られたことになる。かつて幕吏たちがアイヌを「山丹人」から取り戻したように、「品物」などで借財を相殺して彼らを取り戻さなければ、日本とロシアの国境問題に影響を与えてしまう。彼は、こう懸念して「質」に取られたアイヌの奪還を主張した。

この佐口宗三郎の意見書を詳しく考察したのは、村垣範正や堀利忠が樺太の調査に赴く前に閲覧して参考にしていたからだけではない。樺太の国境の問題が次のような視点から捉えられているからである。第一に、樺太の国境の問題が日本とロシアの二国間の問題ではなく清国の満洲支配との関連から捉えられている。第二に、第一とも関連するが、アヘン戦争によって満洲地域から清朝勢力が後退し、その一方でこれを好機と考えたロシアが進出してきた、と

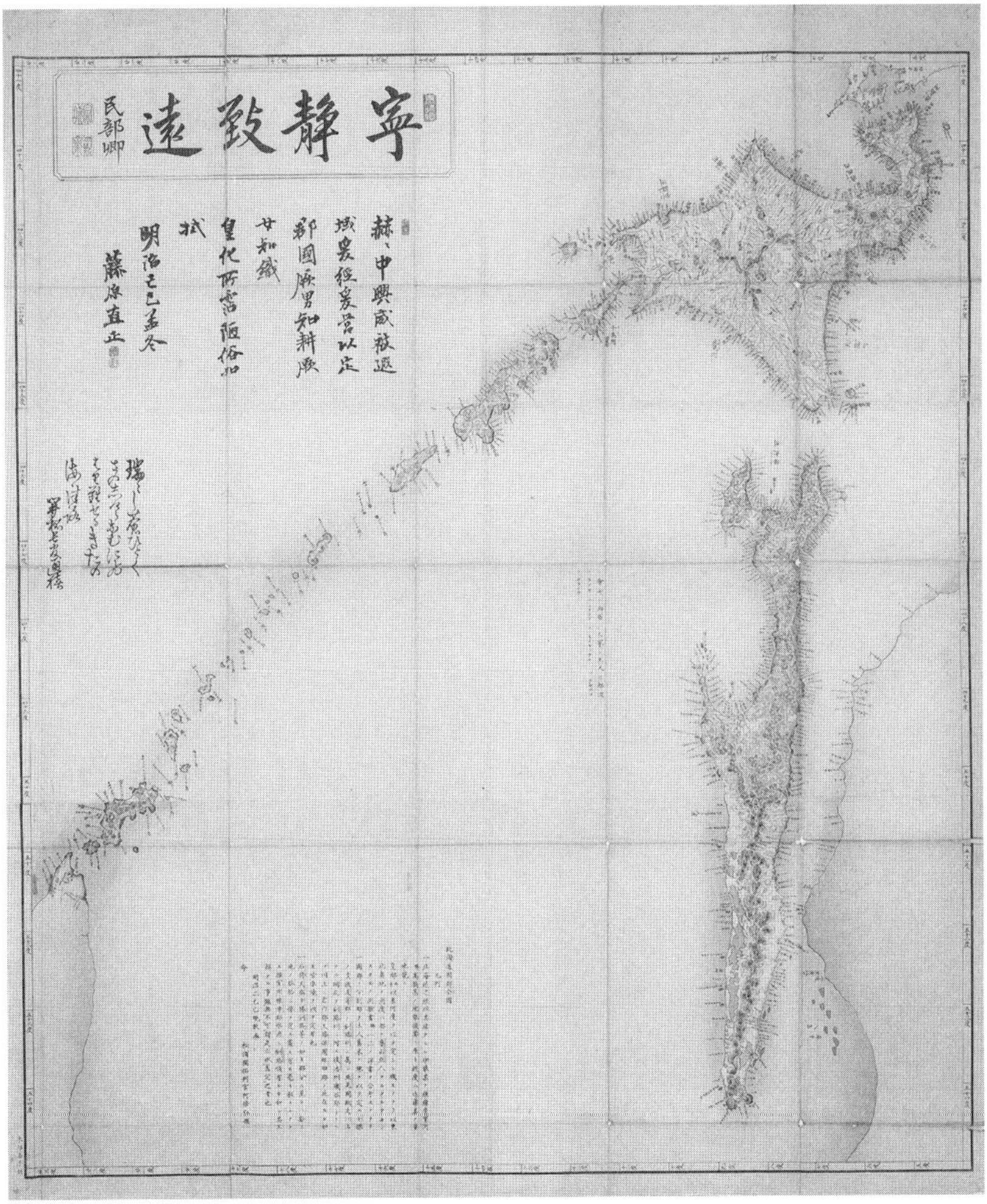

図１　「北海道国郡全国」(松浦武四郎，明治２年〈1869〉。北海道大学附属図書館所蔵　図類704)

いう点である。第三に、地域の諸民族（アイヌ・オロッコ・スメレンクル）に対する影響力が国境の問題に関係する、と捉えられている。

庵原家の家系

佐口宗三郎が多角的な視点から北方地域、とりわけ樺太の国境地域を分析できたのは、彼が持っていた情報の豊富さと良質さによる。彼がなぜこのような情報を得ることができたのかを解明するために、彼の実家である庵原家の家系を取りあげる。庵原家は、北方における境界を考えるうえで看過できない家系である。[84] 佐口宗三郎の実父である庵原亮平と蝦夷地の関係を記した由緒書に拠りながら庵原家の家系を紹介する。[85]

最初に庵原亮平である。庵原亮平は、文化八年（一八一一）六月に奈佐瀬右衛門の従者としてクナシリ島に行き、ゴロブニンらの捕縛に関わった。翌年の文化九年一一月に父親の跡目を継いで箱館奉行支配調役下役になり、文化一〇年にロシア船がクナシリ島と箱館に来たときにも対応した。

彼は、蝦夷地に一〇年余りも在勤し、樺太（「北蝦夷地」）を調査した経験もあった。樺太の西海岸では「山丹境」であるナッコ岬まで、東海岸ではタライカ湾まで踏査した。

その後、弘化四年（一八四七）三月に「隠居」したが、箱館奉行の竹内忠徳が、安政元年（一八五四）閏七月に箱館に行くときに同行する。彼は、安政三年一月に箱館周辺の鉱山資源の調査を行なってその調査書を執筆するなど、北方地域を熟知している人物の一人だった。[86]

次に、庵原亮平の父の庵原直一である。直一は、文化三年（一八〇六）八月晦日、庵原久作の跡目を継いで箱館奉行支配調役下役になったが、文化九年一二月、松前で死亡している。

庵原直一の父である庵原久作は、寛政一一年（一七九九）一月一〇日、庵原家を継いで御普請役となり蝦夷地御用掛に就任した。その後、彼は、享和三年（一八〇三）一月、箱館奉行支配調役下役となったが、文化三年一二月に病死した。

この庵原久作の先代である庵原弥六は、安永六年（一七七七）に代官手代から御普請役となり、天明五年（一七八五）二月に蝦夷地御用掛を拝命した。彼は、天明五年に西蝦夷地を巡視して、樺太に渡り調査を行ない宗谷《そうや》に戻って来たが、天明六年二月に病気になり、三月に同地で病死した。庵原家には嗣子がいなかったために、このとき絶えてしまった。

庵原弥六は、老中田沼意次《たぬまおきつぐ》の蝦夷地政策の立案のための調査に従事していた。樺太を調査したが途中で「飯米」が不足して宗谷に戻って年を越したのであった。この頃の樺太は、アイヌを使って漁業をする場所請負商人や松前藩の藩士も渡らない場所だった。

勘定奉行の松本守秀が、天明五年（一七八五）一二月二七日、老中の田沼意次に提出した報告書によれば、かつては松前藩の家臣が樺太に行ったこともあったが、庵原弥六が樺太に渡海する頃には伝聞だけで、その記録なども残っていない、という状況だった。樺太どころか、蝦夷地の東側は霧多布《きりたっぷ》から、西側は宗谷から奥地の状況は分からず、その地域のアイヌたちも「手荒き」様子だ、と聞き及ぶだけであった(87)。

庵原弥六はこのような状況の中で樺太の調査を行なって命を落とした。寛政期になって勘定吟味役の三橋藤右衛門が蝦夷地の巡行中に宗谷で庵原弥六の墓を見て、勘定奉行の石川左近将監と相談して「遠国御用」における病死は「戦場討死」と同様である、として従弟による家督の相続が認められた。それが庵原久作である。

庵原弥六の墓石には「洒津院智水日浄居士」とあり、天明六年（一七八六）三月一六日に死亡した、と記されている。

裏面により、寛政一二年(一八〇〇)三月に墓石が立てられたことも分かる。[88]

佐口宗三郎が提出した上申には、蝦夷地における庵原家の多年の経験が蓄積されていたのである。

2 樺太調査の実施

樺太調査に出発

村垣範正と堀利忠の樺太調査を国境の形成という視点から考える。彼らの旅程を示す。村垣は、安政元年(一八五四)六月一二日、樺太のクシュンコタンに到着し、堀利忠は、翌日の六月一三日、同所に到着した。彼らは、六月二五日、西海岸のエンルモコマフに到着したのち二手に分かれる。村垣はここから引き返し西海岸南端のシラヌシに向かい、堀は西海岸を北上する。二人は同行した幕吏たちをいくつかのグループに分けて海岸線を中心に調査させる。村垣は閏七月二九日に、堀は八月二〇日に箱館に戻っている。この樺太の調査を西海岸と東海岸に分けて考察する。

樺太の西海岸の調査

まず西海岸の調査である。西海岸の調査を担当したのは支配勘定の上川伝一郎らである。彼らは、安政元年(一八五四)五月一九日にシラヌシを出発して、西海岸の調査を開始し、その報告書を、六月二一日、エンルモコマフに向かう準備をシラヌシでしていた村垣に提出した。それを提出したのは従者の一人の長谷川就作である。上川自身はさらに西海岸の「奥地」の調査に向かった。

この長谷川が提出した「御国界見込取調候趣」と題する報告書は、国境の候補として西海岸の北緯五〇度付近にあるホロコタンをあげている。それには理由が二つあった。第一はホロコタンから三里半あまり北のホコラという場所から奥地にはスメレンクルがおり、彼らはアイヌとは「全く人種風俗も変」っている、という点である。第二は松前藩がこれまでホロコタンまでを「所領」と見なし、「番人」を派遣して「人別」などを取り調べてきた、という点である。

上川らはこのホコラからさらに二里ほど北方にあるキトウシという場所まで調査した。そこにいたスメレンクルたちの様子を調べてみると、男子は「辮《べん》髪」であり、女子は帯や衣服の裾に「真鍮之金物」ないしは「乾隆之小銭」を縫い付けていた。アイヌと同じく「耳金」をする者もいたが、アイヌの女性たちのような口もとの入れ墨はなかった。男女とも「満州製」の衣服を着ていて外見は柔和だが、「するどき」と報告書に記されている。スメレンクルには「酋長」はおらず、どの国に所属しているのかも不明だった。彼らは「皮類」を満洲に持って行き「人別」を届けている、ということだった。その後、上川はクシュンコタンの水野正左衛門からプチャーチンの来航に関する情報が届けられたのでホロコタンから戻ることにし、さらに奥地については同行していた松前藩の今井八九郎《いまいはちくろう》に調査を指示した。(89)

今井八九郎の調査

松前藩の今井八九郎は、調査の内容を「北蝦夷地ホロコタン(ゟ)奥地見分風説書」として作成し提出している。(90)この報告書は、安政元年(一八五四)八月一四日、箱館で村垣範正に上川伝一郎から渡されている。報告書の題名にもあるように、これはホロコタン以北の状況を記したものである。今井は、オッチシ(「ヲツノシ」)を越えてバレンという場所まで到達した。

今井は、オッチシでロシア人が石炭を掘り船に積み込んでいる、という情報を得た。実際、彼がオッチシの沖合を通過すると新しい家屋が一軒あり、材木が積み上げられて「橋船」が二艘あった。このオッチシを越えたところに上陸すると二人のロシア人がやって来て今井に話をしたが、分からなかった。

彼はこのオッチシのロシア人に続いて、スメレンクルの状況について記している。それは上川が提出した「御国界見込取調候趣」とほぼ同様で、スメレンクルには「酋長」はおらず、村から「貢」として集めた皮類を満洲に持って行き「人別」なども届けているが、満洲から「官吏」が来て取り調べるようなことはない、と記されている(91)。

この今井八九郎という松前藩士は同藩の中でも樺太の状況を熟知している一人だった。彼について説明を加えておきたい。目付の堀利忠の従者としてこの調査に同行していた依田治郎祐《よだじろすけ》は『唐太嶋日記』の中で、今井八九郎について記している。今井は、かつて行なわれた間宮林蔵《まみやりんぞう》の樺太調査に同行し、そのあとも樺太で勤番を務めた。そして、「山丹人」に会うために樺太西海岸の北緯五〇度付近のホロコタンに二度にわたって行った。今井は、今回の調査では「ナッコ崎」までの見分を希望し、支配勘定の上川伝一郎の許可を得て二人のアイヌとともにそこに向かった。依田はこのように今井について記している(92)。

今井についてもう一つ触れておきたいことがある。それは彼の測量技術である。間宮林蔵とともに調査に従事した彼の測量技術は卓越していた。これについて今井の事蹟の『今井信名経歴一班』には次のような興味深い話が記されている(93)。樺太の調査に派遣された幕吏たちは測量に習熟していなかった。今井が彼らの方法では測量はできない、と指摘した。すると幕吏たちはそれに激怒し彼に制裁を加えようとした。しかし、今井が間宮林蔵に測量を学んだことを知ると彼の方法が採用された。この調査には間宮林蔵の孫の間宮鉄次郎《てつじろう》が参加していた。彼は祖父の測量技術を今井が修得していることを喜んだ。間宮林蔵の樺太調査が、その技術も含めその後の境界の調査に生かされていたのである。

樺太の東海岸の調査

次に樺太の東海岸の調査である。東海岸のタライカ湾まで踏査した普請役の間宮鉄次郎と小人目付の松岡徳次郎の調査を示す。両者は、支配勘定出役の矢口清三郎とともに安政元(一八五四)年五月二八日、樺太のアニワ湾のクシュンコタンを出発して東海岸の調査に向かったが、矢口はウエンコタンで引き返した。間宮と松岡は、その後、さらに東海岸を北上して調査を継続した。

間宮と松岡の報告書である「北蝦夷地東海岸廻浦中見聞仕候趣取調候書付」は、七月一〇日、シラヌシに逗留していた村垣に提出された。この「書付」は樺太の東海岸の状況を次のように記している。東海岸のナイブツからタライカ湾までのアイヌは食料などが差し支えると移動して交易し、それによって飢えを凌《しの》いでいる。東海岸のオロッコは、隔年ないしは毎年、シリマウカのアイヌは毎年、クシュンコタンに交易に来ている。オロッコはロシア人の「撫育」を受けておらず、クシュンコタンにおける日本人との交易で米や煙草などを調達している。彼らはシウカ《（シスカ）》という場所からホロナイ川・タナンフコタン《（タランコタン）》川沿いに小屋を建てて居住しており三カ所で一五軒から一六軒ほどの家屋がある。彼らは、ここから交易のためにクシュンコタンに来るが、道中でアイヌの家に止宿しないし、アイヌと婚姻関係も結ばない。このオロッコはタライカ湾の北方にいる「夷人」と同種であり「山丹衣」を用い、髭の無い者が多く髪は三つ編みにしている。アイヌと比較すると彼らの容貌は柔和であるが、「心中ハ剛気」である。清朝に人別などを提出してはいないが、彼らはかつては「山丹之種類」であった。

次にシリマウカのアイヌである。シリマウカのアイヌとはタライカ湾周辺のアイヌで衣服もアッシ(オヒョウなどの木の繊維を使った織物）に類するものであるが、「山丹衣」も着用し、女性はアザラシの皮で作った衣服を着ていた。彼らもどこの国にも属していない「独立之夷人」であった。

次はニブフとモロウである。タライカ湾のホロナイ川上流のモロウ川にニブフ（「ニクフン人」）がおり、さらにモロウ川に沿った地域にも居住していた。彼らは「モロウ人」と称されていた。このあたりまで「山丹人」が交易のためにやって来ていた。これらの民族は交易のためにクシュンコタンに来ることはなかった。報告書は、彼らをオロッコ（ウイルタ）と同種である、と評している（ニブフ〈ギリヤーク〉をオロッコ〈ウイルタ〉と同種であると報告書は記しているが、本書では史料の記述に従った）。

また、タライカから三〇里ほど南のカシホ・ウエンコタン・コタンケシにもアイヌが二〇人ほどおり、先のシリマウカのアイヌと合わせて六〇人ほどのアイヌがこの周辺にいた。彼らは、不漁のためにタライカに移住してきたが、今年になって、もと住んでいた場所に戻って行った。彼らは食料が確保できればそれ以上の労働はせず、クシュンコタンからやって来る場所請負商人の番人が運上屋（漁場の拠点となる家屋）に出稼ぎを勧めても受け入れなかった。また、彼らの人別調査も行なわれていなかった。

間宮と松岡は、松前藩がこの地域を「領分外之姿」にしていたが「御国境相立候上ハ」、と国境が画定したら、こちら側に引き移してしかるべき処置が必要である、と提案している。(94)

「北蝦夷地御国疆見込之場所申上候書付」

村垣と堀は、これらの樺太における調査を踏まえて、安政元年（一八五四）一〇月二八日、「北蝦夷地御国疆見込之場所申上候書付」を老中阿部正弘に提出し、樺太において国境とすべき場所を二つあげた。(95)一つはホロコタン（西海岸）とフヌプ（東海岸）である。もう一つはコタンウトル（西海岸）とトッソ（東海岸）である。

前者は、その地点までの民族は日本の「撫育」を受けていて「年貢」を収めており、さらに「人種風俗言語」なども変わることが根拠になっていた。後者は、「天然之堺疆」である、と地理的な状況が根拠だった。村垣と堀は、この後者の国境に関連して、コタンウトルとトッソより先には「間地」を設けて人の往来を遮断する、という方策を提起している。これは「文化度ウルツフ《ウルップ》島」の「御振合」と記されており、千島列島の国境においてウルップ島の立ち入りを禁止して「間地」を設定するという考えを参照したものだった。

川路聖謨の国境認識

プチャーチンの来航により国境の問題が惹起され、幕府が境界地域、特に樺太の調査を行なったことを紹介した。次に、この調査を受けて国境の交渉にあたる露使応接掛の国境認識を分析する。ここでは再び川路聖謨を取りあげる。川路は、北方の国境の問題は東アジア（露清関係）とヨーロッパの国際関係に規定されている、と捉えていた。この点を彼の『下田日記』を素材に考える。

川路は『下田日記』の安政元年（一八五四）一一月二九日条で、『二国会盟録』という書物を取りあげて国境の問題について記している。(96) この『二国会盟録』とは、蘭学者の志筑忠雄《しづきただお》が、ネルチンスク条約の交渉において通訳を務めたフランス人でイエズス会宣教師のジャン＝フランソワ・ジエルビオンの旅行記のオランダ語版を、福岡藩の蘭学者安部《あべ》龍平《りゅうへい》に口述筆記させながら翻訳した書物である。(97) このネルチンスク条約とは一六八九年に清朝とロシアがアルグン川と外興安嶺を国境として定めた条約である。

川路は、この『二国会盟録』を踏まえて、清国とロシアの国境について次のように『下田日記』に記している。清朝の第四代の皇帝であった康熙帝の時代にロシアが黒龍江地域に進出して紛争になった。清朝はロシアに城郭までも奪われるという事態になった。康熙帝は条約(ネルチンスク条約〈一六八九年〉)を締結してロシアの「黒龍江より西南之方」の侵入を禁止し、その条約文を記した石碑を立てて国境を明確にした。しかし、この条約は守られず清朝はその後もロシアからしばしば侵略を受けるようになった。

川路は、このネルチンスク条約の経緯を踏まえて、自らが担当している樺太の国境の問題について記す。まず、彼は、現在の日本と康熙帝が統治していた時代の清朝を比較して、どちらが強いのだろうか、と自問する。さらにロシアは清朝との紛争のときよりもはるかに強い国(「大国」)になっており、航海などの面でも格段に進歩している、と評する。そのうえで、彼は樺太をめぐる国際情勢を次のように示唆する。ロシアが樺太を奪い取ろうとしているのは以前からのことであり、イワン・フョードロヴィチ・クルーゼンシュテルン(Иван Федорович Крузенштерн)の『奉使日本紀行』にもクシュンコタンを奪い取るための方策が詳述されている。文化期(一八〇四〜一七)の初めに樺太で問題が発生するのではないか、と懸念されたが幸いそれは免れた。それはフランスのナポレオンがロシアに大戦争を仕掛けてロシアが敗北し、その「国都」まで奪われるという状況になったからである。文化一二年まではこのような状況だった。このように川路は、ヨーロッパの国際情勢が日本の樺太問題に影響を与えた、と捉えていた。

川路はこれを踏まえてプチャーチンとの樺太の国境交渉について記す。樺太の北緯五〇度のところにはスメレンクル(ニブフ)やオロッコ(ウイルタ)がおり、そこから一里ほど行くと「人種之様子」が大きく変化するので、ここを国境にするように日本側は主張した。しかし、プチャーチンはそれを聞き入れなかった。これは、ロシア側に「後日侵略之心」があるからである。下田の交渉で樺太の問題が小康状態なのは「天」が日本に恩恵を与えたからである。その恩恵とはロシアとイギリス・フランスの戦争(クリミア戦争)である。この戦争でロシアが敗北すれば樺太への進出は遅れ勝利すれば早くなる、と彼は記す。

さらに、彼は樺太の問題の解決方法として、かつて中国(「唐土」)が辺境の民族(「戎狄」)に土地を与えたことで領土の問題を解決した事例をあげて樺太を放棄する、という考えを提起する者もいるが、中国への対応を西洋の国々との関係にあてはめて同一に論じることはできない、と主張する。その理由を彼は説明する。西洋の国々が人の土地を奪い取って国を拡張するのは異様ともいえる。たとえば、アメリカ大陸などは「無人之地」だったのにイギリス人がやって来て開拓した。もしロシアが樺太を奪えば、次に蝦夷地を望むようになる。そして蝦夷地を手に入れたら、次に松前に来るというのが「夷情」である。土地には限りがあるが、外国人の欲望には限りがない。また、元禄期に「竹島」(ウルルン島)を朝鮮と争い、朝鮮に与えた事例があり、それは問題もなく今に至っている、と指摘する者がいるが、その事例を樺太に当てはめることもできない。なぜなら、この問題で朝鮮を引き合いにすることは「馬」(朝鮮)と「虎」(ロシア)を比較するようなものだからである[98]。

このように川路は、樺太の境界の問題を東アジア(露清関係)とヨーロッパの国際関係との関連で捉えていた。すなわち、前者はネルチンスク条約であり、後者は一八一二年のナポレオンによるロシア遠征と一八五三年のクリミア戦争である。

川路聖謨の『下田日記』を素材に境界の変動と国際関係の連関について考えたが、これに関連してさらに二点、取りあげる。第一は、川路がこの国境の問題について参照した『三国会盟録』の内容とその評価である。第二は、ロシアが樺太を奪い取ろうとしている根拠として、川路があげたクルーゼンシュテルンの『奉使日本紀行』である。

『二国会盟録』について

『二国会盟録』の概略についてはすでに示した。ここでは具体的にその内容と読まれ方について見ていきたい。この『二国会盟録』は、ネルチンスク条約だけでなく、それに関連してロシアの国境の拡張を詳述している。ここでは二つの点を取りあげる。第一は、ネルチンスク条約が締結されるまでのロシアの東方進出についての記載である。具体的には、ロシアが「東海ニ近ツキ満州ノ堺ニ至」ったことが、どのように読まれたのかという点である。第二は、国境紛争の地点となった「アルハシン」を取りあげる。

第一のロシアの東方進出を示す。この東方進出の箇所には翻訳を手伝った安部龍平が、清国の地誌である『大清一統志』を典拠に注記を付している。まず、これを示す。かつてアメリカ大陸の西方(日本の北東に最も近い地域)において未開拓の土地が多くあったとき、ヨーロッパから開発を企図して船がやって来た。それらの船は日本の辺境でも目撃された。これについて近年の地図やオランダの地理書を見てみると、アメリカ大陸をロシアが開発(「開闢」)して「亜墨利加魯西亜《アメリカ・ロシア》」や「新魯西亜」と称し、そこに住んでいる人たちを教化していた(現在のアラスカは、一八六七年まではロシアの領土で、アメリカに売却されるまではロシア領アメリカと呼ばれていた)。

安部はこのような状況に「愕然」とする、と記したうえで自らのロシア認識を示す。ロシアは日本の北方にあるカムチャッカ半島からベーリング海峡を越えて「亜墨利加ノ地」まで獲得し「世界四大洲ノ三ツ」にまで及んでいる。このロシアの拡張はカムチャッカ半島で止まることはないであろう。ロシアは広大な海峡も小さな溝のように考え、遠方の国々にまで領土を拡張し、その心は「虎狼」である。

安部龍平はロシアの拡張がシベリア地域からカムチャッカ半島・ベーリング海峡・ロシア領アメリカ(アラスカ)にまで及んでいることを驚きとともに記し、さらにその勢いはカムチャッカ半島で止まることはない、と考えた。このように『二国会盟録』は読まれ、そしてロシアという国を評価する素材になっていた。

第二に、「アルハシン」での攻防について『二国会盟録』が記している箇所を紹介する。「アルハシン」はロシア側ではアルバシンで、清朝側では「雅克薩《ヤクナ》」と呼ばれていた場所である。ここでの両国の攻防を『二国会盟録』は次のように記す。ロシア人がここに城郭を建設した。清国側がこれを止めようとした。ロシア人はこれを受け入れず、ここは「無人ノ境」であり、清国人が住んでいれば清国の土地になったであろう。しかし、ロシア人がここに住んでいるから、ここはロシアの土地なのであり、これは「天然ノ大法」なのだ、と主張した。

これを契機に清国とロシアの紛争が始まった。この紛争においてロシアが不利だったのは戦場が本国から遠く離れていて、その経路も険阻だったため兵站が十分でなかったからだ、と『二国会盟録』は指摘する。これがロシアに「和親」を求めさせ、ネルチンスク条約が締結された、と説明される。

このように『二国会盟録』は、一六五〇年代の初頭から開始されたロシア人によるアルバシンへの進出とそれを契機とした清露国境紛争の状況を記したのである。

川路聖謨は、ロシア使節のプチャーチンと下田で交渉するときにロシアの国境拡張の状況をこの『二国会盟録』から学んでいたのである。彼は、おそらくロシアの国境拡張のあり様を肝に銘じたことであろう。

『奉使日本紀行』について

川路は、クルーゼンシュテルンの『奉使日本紀行』に樺太のクシュンコタンを簡単に奪い取ることができる、と書かれていることに注目していた(99)。この点を確認する。クルーゼンシュテルンは、一八〇三年に世界周航のためにロシアを出航したナジエジダ号とネヴァ号を指揮した人物である。この周航でロシア使節のニコライ・ペトロヴィッチ・

レザーノフ(Николай Петрович Резанов)が文化元年(一八〇四)九月、長崎に来航したことは近世後期の対外関係における重要な事件の一つである。

クルーゼンシュテルンの旅行記である「艦船ナジエジダ号とネヴァ号による一八〇三年から一八〇六年の世界周航の旅行記」を蘭学者の青地盈《あおちえい》が翻訳し、高橋景保《たかはしかげやす》が校訂したのが『奉使日本紀行』である。クルーゼンシュテルンは、長崎を出航して樺太のアニワ湾に一八〇五年五月(露暦)に到来したときにその占拠の容易さを次のように記している。[100]アニワ湾を占拠することは少しも難しいことはない。この場所において日本人は兵器を備えていない。いったん占拠すれば日本人がそれを取り返すことは困難である。この部分が『奉使日本紀行』に翻訳されて、幕府の知るところになった。川路は、樺太、とりわけその南岸のアニワ湾に対するロシアの企図の証として『下田日記』にこのことを記していた。

想起したいのは、このような樺太の危機がナポレオン戦争、とりわけフランスのロシアへの遠征がその勢力の減退を惹起し、それにより樺太が無事だった、と川路が捉えていた点である。

3　千島列島の境界

近世後期における千島列島の境界

北方におけるもう一つの境界問題となった千島列島を考える。第一に、千島列島の境界が問題になるゴロブニン事件とロシアへの「諭書」を取りあげる。第二に、第一に関連して、千島列島の漂流民の取扱いについて考える。第三に、幕府がロシアに示そうとした「諭書」の取り扱いを考察する。

近世後期に千島列島の境界が問題になるのは、いわゆるゴロブニン事件と高田屋事件が関係していた。ゴロブニン事件とは、ロシアの軍艦ディアナ号の艦長ゴロブニンが文化八年(一八一一)六月にクナシリ島で日本側に拘留され、文化一〇年九月まで松前と箱館に拘束された事件である。一方の高田屋事件とは、エトロフ島などの漁場を請負っていた場所請負商人の高田屋嘉兵衛が、文化九年八月にクナシリ島でロシア側に拘留され、カムチャッカ半島で文化一〇年五月まで拘留された事件である。

これらの事件が千島列島における境界の問題と関係することになるのは、ゴロブニンを迎えに来たピョートル・イワノヴィッチ・リコルド(Петр Иванович Рикорд)がオホーツク港長官のミニツキーの書翰を提出したことによる。[101]それは、文化一〇年(一八一三)九月一七日、高田屋嘉兵衛を通じて幕府に提出された。その書翰にはこの問題を解決して「魯西亜と接境之結約」をしてほしい、と記されていた。さらに日本とロシアの境界において「応接所」を設置することも提案されていた。この「応接所」は、ロシアと清国の境界にあるものをロシア側は想定していた。[102]

さらにゴロブニンとリコルドが、文化一〇年(一八一三)九月二九日、箱館を出航するときに提出した書翰には、来年の五月ないし六月にエトロフ島の北部に武器を装備していない小船で再来することとロシア側の要請についての「御答書」を、アイヌを介して示してほしい、と記されていた。[103]

幕府がこのロシア側の要請にどう対応したのかを考察し、幕府が千島列島の境界についてどのような認識を創り出していくのかを示す。

若年寄の植村家長《うえむらいえなが》は、文化一一年一月二日、この問題について松前奉行に「趣意三条」と「諭書」を与えている。「趣意三条」には次のようにある。境界(「接境」)を定めるために交渉したい、とロシアは主張するがそれは「通信」(外交的関係)・「通商」(通商的関係)に相当するので不可能である。国境については、エトロフ島を限り、ロシアは

「シモシリ」（シムシル）島までとする。その間にある島々には日本もロシアも「人家」を設置しないようにする。そして、ロシア人がエトロフ島まで来たら「打払」う、と通知する。幕府は、千島列島の境界についてこのような方針を立てた。

この「趣意三条」を踏まえてロシアへの「諭書」が作成された。日本とロシアの境界において「音信」が通じるようにしたい、というロシアの希望は日本の「国法」に触れるので受け入れられない。日本人はエトロフ島までを、ロシア人は「シモシリ」（シムシル）島までとし、その間にある島々には「人家」を設けないようにする。そうすればお互いに出会うこともなく、双方ともに無事である。もしもロシア人がエトロフ島まで来ることがあれば止むを得ず「国法」に従って厳格に取り扱う。(104)

千島列島における漂流民

幕府は千島列島の境界に立入禁止区域を設けようとしていた。この千島列島の境界との関連で考えたいことが一つある。それは「漂流人」の取扱いである。老中の牧野忠精《まきのただきよ》は、文化一一年（一八一四）一月二九日、千島列島におけるロシアと日本の「漂流人」の受け渡しについての考えを若年寄の植村家長に示した。これを考察する。

日本に漂流したロシア人を引き取るためにロシア人が千島列島を南下する場合でもウルップ島までで、エトロフ島にやって来ることは許さない。ウルップ島は「から（空）島」なので、この島からロシアに戻ることは困難なように思うであろう。しかし、ロシアの「漂流人」が帰国できるように船と食料などを与えて、その船をウルップ島に向けて「突放」す。一方、ロシアに漂流した日本人については帰国させる必要はないのでロシア側が日本の「漂流人」を「離れ島」に送るのは困難である、と言ってきても送り返すこと自体が不必要である、と返答する。(105)

ゴロブニンの事件の解決の過程で、ロシア側から示された千島列島の境界の画定の要求について、幕府は「漂流人」の処置も含めこのような結論を出していた。

「諭書」の行方

日本側の千島列島の境界についての考えはロシア側に示されたのであろうか。実は、翌年の文化一一年(一八一四)の五月ないしは六月頃にエトロフ島に来る、というロシア側の申し出は実現されなかった。この点を確認したうえで、さらに二つの点を考える。第一に、作成された「諭書」をロシアに渡す準備ができていたのか、という点である。第二は、もしその準備ができていたとすれば、ロシア側がエトロフ島に来なかったあとで、それがどのように扱われたのか、という点である。

これらの二つの点を考えるために、エトロフ島の勤番を天保七年(一八三六)に担当した松前藩士奥平貞守の『奥平家文書』から二つの史料を取りあげる。第一は『エトロフ勤番ニ付御渡之書面写』である[106]。第二は『天保七年申六月エトロフ御用記』である[107]。

第一の『エトロフ勤番ニ付御渡之書面写』は、奥平貞守がエトロフ島での勤番に就くときに受け取った書面の綴りである。それは、これまでロシアに渡した書類の写しやこれから渡す予定の書類がまとめられたものである。この書類には、先に紹介した「諭書」が綴られており手渡される準備ができていたことが分かる。これには、文化一一年にロシア船が来たときに渡すための「諭書」であったが、ロシア船は来なかった、と注記されている。

第二の「諭書」がその後、どのように取り扱われたのかを示す。この点について『天保七年申六月エトロフ御用記』は次のように記している。ロシア船は、エトロフ島に「返書」を受け取りに来る、という約束をしたので「御領

図2　「ヲトイマウシ岬」（ヲトエマハシ）が掲載された地図（「江登呂府島ヨリカムサスカ迄島々ノ図」部分，文化4年（1807）。北海道大学附属図書館所蔵　図類1043）

之砌」、すなわち幕府の蝦夷地直轄期にはロシア人への目印としてエトロフ島の「ヲトイマウシ岬」に柱が立てられて「横文字」の「返書」も準備されていた。しかし、幕府が蝦夷地を松前藩に引き渡したときに、この書類は引き継がれなかった。

幕府が、蝦夷地を松前藩に返還したのは文政四年（一八二一）一二月のことである。また、柱が立てられていた「ヲトイマウシ岬」は、文化元年（一八〇四）に千島列島のホロムシロ島に漂着し、後に帰国した南部領牛滝村の船頭継右衛門が作った地図の中に、エトロフ島の北西のイカハンノツ岬と蘂取《（シベトロ）》の間に「ヲトエマハシ」という地名が確認でき（図2参照）、この場所を指している、と推定される。[108]

第3章 「竹島」（ウルルン島）と小笠原島の国境——近世後期の西と東

1 「竹島」（ウルルン島）における境界の形成

千島列島と「竹島」（ウルルン島）

プチャーチンは、嘉永六年（一八五三）七月に長崎に到来し、八月一九日に宰相ネッセルローデの書翰を提出した。これによって北方の境界問題が惹起されたことは、すでに紹介した。この北方の境界の問題は、「竹島」（現在のウルルン島）の問題と密接に関連していた。次にこの点を考える。

プチャーチンと交渉する露使応接掛に就任することになる筒井《つつい》政憲《まさのり》は、嘉永六年九月、「俄羅斯《オロス》国書翰之意ニ付申上候書付」を幕府に提出して、エトロフ島までが日本領で「ウルツプ《ウルップ》島ハ間地（立入禁止区域）」とし、それ以北はロシア領にする、という考えを示した。彼は、ウルップ島をロシアと争うことに懸念を持っていた。彼はウルップ島を放棄しても領土が減少したわけではない、と主張するために「竹島」（ウルルン島）の事例を次のように提示する。

元禄期に朝鮮に与えた「竹島」（ウルルン島）は、もともと伯耆の米子町の村川市左衛門が見出し、元和期（一六一五～二四）から許可を得て鮑《あわび》を採りに行っていた。元禄五年（一六九二）ないしは元禄六年に朝鮮人がやって来て漁業を行なうようになり、村川がこのことを報告した。それを受けて対馬藩が朝鮮とこの問題を協議した。朝鮮から「竹島」は「蔚陵島」(ウルルン島)であり「朝鮮領地」であるとの回答があった。そして、「竹島」(ウルルン島)を朝鮮に与えて以来、日本人の渡航を禁止する措置が取られた。

さらに筒井は、この問題を検討するために参照した『北史倭国伝』などの古い書物にも「竹島」(ウルルン島)が日本の所属と明記されており、もともと「竹島」(ウルルン島)が日本領であることは間違いない、と考えた。明らかに日本の領土であった「竹島」(ウルルン島)を、朝鮮に与えたことから考えれば、日本の領土として必ずしも明確な根拠を示せないウルップ島をロシアに与えても問題はない、と主張した。彼は「竹島」(ウルルン島)の朝鮮への譲渡をウルップ島の放棄の先例として提示した。(109)

樺太と「竹島」(ウルルン島)

樺太の国境に関しても「竹島」(ウルルン島)の事例は参照されていた。露使応接掛の筒井政憲《つついまさのり》と川路聖謨《かわじとしあきら》は、安政元年(一八五四)一〇月七日、下田における交渉で、プチャーチンといかなる方針で臨むべきかを老中に照会した。彼らは、この中で樺太と「竹島」(ウルルン島)の関係について次のように述べている。元禄期に朝鮮と「竹島」(ウルルン島)の領有問題が発生し、朝鮮に「竹島」(ウルルン島)を与えた事例があり、それを根拠に樺太の放棄を主張する意見が幕府の中にある。しかし、諸国を奪い取って大国になったロシアに土地を与えればさらに要求を増すだろう。樺太を惜しむのは後の「大患」を防ぐためである。それゆえ「竹島」(ウルルン島)を先例として樺太を放棄することはできない。その一方で、樺太のすべてが日本領でないことも自明である。彼らはこのように記した。

元禄期の「竹島」(ウルルン島)を先例として樺太を放棄する、という主張が幕府の中にあったことが分かる。両者

は、それに反対して「竹島」（ウルルン島）の事例を引き合いに出して反論したのである。(110)

「竹島」（ウルルン島）を先例に樺太を放棄するという主張と、それに反論する議論は、幕府が安政元年六月に実施した幕政改革の中にも見出すことができる。

老中の阿部《あべ》正弘《まさひろ》は、安政元年（一八五四）五月から六月にかけて、三七カ条にわたる幕政改革案を「海岸防御筋御用」を務めていた前水戸藩主の徳川斉昭《なりあき》や幕吏たちに示して、その意見を聴取した。その一つが「蝦夷ノ儀」、すなわち北方の問題であった。これについての勘定奉行松平《まつだいら》近直《ちかなお》と川路聖謨の意見を取りあげる。両者はロシア人が蝦夷地を狙っている、と警告したうえで、彼らは「不毛之地」を開発して国境を拡張するのが巧みである、と評する。そして、「竹島」（ウルルン島）を朝鮮に渡した事例もあり「不毛之地」に資金を投じないのは当然と考える者がいるかもしれない。しかし、ロシアの樺太に対する意向は根深いものがある。それゆえ樺太を簡単に与えてはすぐにエトロフ島やクナシリ島などにも波及し、ついには蝦夷地までも取られてしまう。したがって、樺太を「捨地」にはできないのである。

やはり、樺太をロシアに与える先例として「竹島」（ウルルン島）の朝鮮への譲渡があげられている。ここでもロシアへの樺太の譲渡を朝鮮への「竹島」（ウルルン島）のそれと同列にはできない、という結論が導かれている。(111)

この「竹島」（ウルルン島）を朝鮮に与えた、という元禄期における幕府と朝鮮の問題について確認しておきたい。このとき「竹島」（ウルルン島）には鳥取藩領米子の町人大谷家と村川家が鮑漁などのために「竹島渡海免許」を得て渡島していた。元禄五年（一六九二）にこの島で朝鮮人の漁業者がいることが判明した。幕府は、この問題を朝鮮側と協議したが、最終的に下した判断は「竹島」（ウルルン島）への日本人の渡航を禁止する、というものであった。この「竹島」（ウルルン島）の渡海の禁令は元禄九年一月に出されている。(112)

「竹島」(ウルルン島)への日本人の渡航禁止は、日本の開国期には、「竹島」(ウルルン島)の放棄として認識され、千島列島と樺太における「国境」の問題を協議するとき、領土放棄の先例として参照されていた。しかし、「竹島」(ウルルン島)に対するこのような認識は、開国期の国際情勢の変容を受けて変化する。次にこの問題を考える。

「竹島」(ウルルン島)の位置づけの変化

「竹島」(ウルルン島)をめぐる国際情勢の変容が、日本にこの島に対する領有の志向を生み出すことになる。第一に、「竹島」(ウルルン島)をめぐる国際情勢の変容を考える。第二に、第一を受けて生じた「竹島」(ウルルン島)に対する日本側の領有の動きを示す。

箱館奉行は、安政四年(一八五七)閏五月二日、老中に「竹島」(ウルルン島)についてある情報を上申した。その情報は、五月二九日、アメリア船ゼネラル・ピアース号(General Pierce)に箱館奉行支配調役下役の大橋宥之助が乗船したときに得られたものである。

この船の乗組員のセーウスは、二艘ないしは三艘のイギリス船が絶えず対馬にやって来ている、という話をした。そして、地図を出し「竹島」(ウルルン島)を示し、イギリスの所領であると述べた。彼はこのようなイギリス船の対馬への来航や「竹島」(ウルルン島)の領有は、清国とイギリスの戦争が熾烈になり、イギリス船が二五艘ほども広東に押し寄せているからだ、と説明した。この清国とイギリスの戦争とは第二次アヘン戦争のことである。この東アジアにおける国際関係の変容が、「竹島」(ウルルン島)の問題と関連していたようである[113]。

このような国際情勢の変容が、日本に「竹島」(ウルルン島)領有の志向を生み出させたのであるが、この問題を考える前に、箱館奉行がこの報告書に付した「下ケ札」を示しておきたい。

この「下ケ札」には、前年の安政三年のイギリスの軍艦シビル（Sibylle）の艦長の発言が記されている。艦長は次のように発言した。「竹島」（ウルルン島）と「シモルバイ」（これは「韃靼地方ニ有之候小島」で宗谷の向こうにある、と注記が付されている）がイギリスの所領になったので、インペラートルスカヤ湾からロシアの軍勢が差し向けられてもイギリスはそれを簡単に攻撃（「絶切」）できる。なぜなら先の二つの島と箱館の三カ所で食料を調達することができるからである。それゆえ「魯《ロシア軍》軍ハ更ニ恐」れる必要などない(114)。

「下ケ札」は、軍艦シビルの艦長の発言を記した後、これらの情報を勘案すると「竹島」（ウルルン島）はイギリスの所領になったのであろう、と結論づけている。この軍艦シビルは、安政三年三月から八月にかけてロシア艦隊を攻撃するためにしばしば箱館に寄港していた。

「竹島」（ウルルン島）をめぐる安政三年と安政四年の情報から、それを取りまく国際情勢の変容をまとめる。前者の安政三年のイギリスによる「竹島」（ウルルン島）の占領という情報は、イギリス・フランス・トルコとロシアの対抗、すなわちクリミア戦争の軍事行動における「竹島」（ウルルン島）の位置づけであり、後者の安政四年のそれは、清国に対するイギリスの軍事行動、すなわち第二次アヘン戦争における「竹島」（ウルルン島）の位置づけである。

「竹島」（ウルルン島）と長州藩

このような「竹島」（ウルルン島）を巡る国際情勢の変容に呼応したのは長州藩だった(115)。長州藩は「竹島開墾ノ噂」を聞き及び、安政五年（一八五八）六月下旬、幕府の大目付久貝正典《くがいまさのり》にこの噂（「竹島一件」）の真偽を照会した。長州藩は、七月二日、老中久世《くぜ》広周《ひろちか》に久世右馬吉を介して、内願書を提出して「竹島」（ウルルン島）について上申したが、八月二日、長州藩主の上申でなければ審議はできない、と久世から回答された。結局、長州藩は幕府に「竹島」（ウルルン島）の開発について正式には上申することはなかった。この点を確認したうえで、長州藩の「竹島」（ウルルン島）の開発構想を示す。

この書類を作成した桂小五郎（木戸孝允）と村田蔵六（大村益次郎）は、竹島（ウルルン島）について次のように記している。外国船が「竹島」（ウルルン島）の近海に現れるようになった。彼らがその植民を企てていることは確実である。一方、日本では、これまで「御国禁」により「竹島」（ウルルン島）の沖を航行することは禁止されてきた。しかし、「北国」から「下ノ関《（下関）》」に往復する商船は、暴風などにより「竹島」（ウルルン島）の近辺に碇泊することがある。日本人の家が五軒から六軒ほどはある、という噂もある。「竹島」（ウルルン島）は朝鮮に渡したということであるが、朝鮮人が住んでいた形跡もなく、渡海もしていないようである。

「竹島」（ウルルン島）が日本の属国であることは「萬国地図」にも日本と同じ色で塗られていることや、その名称が「タケエイブラド」という点からも明白である。外国人の「竹島」（ウルルン島）への手出しは長州藩にとっても懸念されることなので、「近海防禦」と「姦商禁制」のために開拓したい。このように彼らの懸念は外国人による「竹島」（ウルルン島）への関与という点にあった。[116]

長州藩の「竹島」（ウルルン島）の開拓の構想に関連して、もう一点取りあげたい。それは、長州藩の吉《よし》田《だ》松《しょう》陰《いん》の「竹島」（ウルルン島）についての考えである。吉田松陰は、安政五年七月一一日、桂小五郎に次のように書翰を書き送っている。「竹島」（ウルルン島）は朝鮮に引き渡したこともあり開発を進展させるのは難しいのではないか、と話し合っているところである。しかし、現在は「大改革」の時であり「竹島」（ウルルン島）が「空島」なのは無益なので、長州藩がこの島を開拓する、と朝鮮に申し入れれば彼らは異論を挟まないであろう。外国人（「洋夷」）が手出しするのを放ってはおけない。なぜなら「竹島」（ウルルン島）が外国人の拠点（「足溜」）になったら長州藩にとっても大きな問題だからである。もし、すでに外国人の所属になっていたら「開墾」を名目に渡海し「航海雄略」の端緒とする。さらに「蝦夷ノ事」(北方の事)についても議論するが、長州藩の中にこれについての「雄志」はないだろう。このように吉田松陰は長州藩が海外に展開(「航海雄略」)する方向として「竹島」(ウルルン島)を目途にしていたのである。(117)長州藩による「竹島」(ウルルン島)の開拓は外国人の進出に対抗する、という点から構想されている。そして、その外国人の進出はすでに見てきたようにクリミア戦争と第二次アヘン戦争に関連していたのである。

2 幕府による小笠原島政策

文久期の小笠原島開拓

幕府が、小笠原島の領有を希求して対策を講じたのは、文久元年(一八六一)の下半期のことである。幕府は、文久元年九月一九日、外国奉行の水野忠徳《みずのただのり》に「伊豆国附」の諸島の警備についての調査と「小笠原島御開拓杯之御用」を命じ、軍艦で現地に向かうように指示した。(118)彼は、文久元年一二月七日に咸臨丸《かんりんまる》で浦賀を出発して小笠原島に向かう。

水野忠徳は、文久元年一〇月一一日、出発に先だち「伊豆国附」の諸島の警備と小笠原島の開拓について老中安藤《あんどう》信正《のぶまさ》に次のように上申している。小笠原島が日本に所属(「御国属嶋之趣」)していることはオランダの書物などにも記されており、外国人も了解している。しかし、実際には、あまりにも遠方なので日本人による「御開墾」は十分ではなかった。このような状況の中で、外国人が居留するようになった。

そのうえで水野はこの上申に、ペリーの『日本紀行』(『日本遠征記』)やオランダの書籍などから小笠原島と外国人の関係について三点、記している。第一に、一八二七年(文政一〇)にイギリスの測量船がやって来て小笠原島はイギリスの所領である、と記載した銅版を置き国旗を掲揚していった。第二に、イギリス人やアメリカ人などが一八三〇年(天保元)に移住し、そのときサンドイッチ諸島から数十人の男女が連れてこられた。そして彼らは小笠原島を「開拓」した。第三に、四二人もの外国人が一八三七年(天保八)に小笠原島で確認された。水野は小笠原島と外国人の関係をこのように記し、イギリス人などの移住に危惧を表明した。この三点については次項の「近世後期の小笠原島と外国人」で考察する。

ここでは水野の上申の内容をさらに示す。次に水野は外国人の小笠原島への進出に対抗する措置の必要を記している。その核心は、八丈島などから「子弟厄介等」を小笠原島に移住させることである。八丈島からの移住を考えたのには理由があった。一つは小笠原島に向かう船に一〇人以上もの移住者を乗せ、さらに小屋の資材なども積載すれば、外国人に知られて対抗策が講じられる懸念があるが、八丈島からの移住ならそれが目立たないということである。もう一つは八丈島などの人たちは「内地之農民」とは異なり質素なので、移住の費用も安価に抑えることができ、「開墾」の費用が削減できるという点である。水野は小笠原島に行ってすでに手遅れであれば、すぐに軍艦を小笠原島と八丈島を往来させて日本人の移住者を増加させ、小笠原島の外国人の「御撫育」も行なう、と上申した。このように水野は方策を述べ、小笠原島が「御国之属島」であることを示そうとした[119](巻末図4参照)。

近世後期の小笠原島と外国人

外国奉行の水野忠徳が老中安藤信正に提出した上申の中で、小笠原島と外国人の関係について三つの情報を記していた。この点をイギリス側の史料により考察する。

取りあげるのはイギリスの軍艦ラレー(Raleigh)が一八三七年八月二日(天保八年七月二日)から八月一〇日(七月一

〇日)まで小笠原島に滞在して調査した報告書である。この報告書は、軍艦ラレーの艦長ミッヒ・クイン(Mich Quin)がイギリス商務監督官のチャールズ・エリオット(Charles Elliot)に提出したもので、日付は一八三七年八月九日(天保八年七月九日)である。

この報告書から一八三〇年代の小笠原島の状況を再現する。これには小笠原島について三つのことが記されている。第一は、小笠原島をイギリス領とする銅版についてである。第二は、一八三〇年から一八三七年までの外国船および外国人の小笠原島への来航の状況である。第三は、第二に関連して、軍艦ラレーの艦長クインが小笠原島に来航したときの状況と小笠原島領有についての彼の意見である。

第一の点について、イギリス船ブロソム(Blossom)の船長ビーチー(F.W.Beechey)が、一八二七年六月一四日(文政一〇年六月三日)付でイギリス国王ジョージ四世の名のもとに、彼に代わってこれらの島々を所有した、と記した銅版を置いた、と報告書は記している。

第二の小笠原島への来航の状況をまとめると、表のようになる。最初の移住者は、イタリア人のマーテイオ・モザーロ(Matteo Mozaro)やイギリス人のリチャード・ミリーチャンプ(Richard Millichamp)であった。前者は南洋漁業において捕鯨船を所有していたロンドンのベネットという人物に長年にわたって雇われていた。また、西インドにおけるイギリスの軍艦に乗船したこともあった。彼らは、一八三〇年五月二一日(天保元年閏三月二一日)にサンドイッチ諸島のオワフ島から二〇人ほどで小笠原島に向けて出航したのであった。

最初の移住者について、表には二つの記載がある。第一は①で、合計二三人が最初に移ってきたことになっている。第二は⑨である。⑨では軍艦ラレーが一八三七年八月一〇日に出航するときに四二人の外国人がいたが、そのうち、最初の移住者が二五人、それ以後の移住者が一一人、子供が六人と記されている。ここでは最初の移住者は二五人で

表　1830年代の小笠原への来航状況

①1830年

マーテイオ・モザーロ(イタリア人〈1人〉)／リチャード・ミリーチャンプ(イギリス人〈1人〉)／アメリカ人(2人)／デンマーク人(1人)／サンドイッチ諸島(男性5・女性10) 以上の20人が1830年5月21日にオワフ島を出航する。彼らを乗船させた乗組員のサンドイッチ諸島の2人とアメリカ人の1人も小笠原で下船する。合計23人

②1831年

イギリス捕鯨船パートリッジ号　フランシス・スレバアズ船長　7人が逃亡した。		
ジョン・ヘイズ	イギリス人	水死
ジョゼフ・カレン	イギリス人	1837年8月9日時点で二見港に居住している。
ジョン・ブラボー	ポルトガル人	1837年8月9日時点で二見港に居住している。
ウイリアム・ギル	イギリス人	船に戻った。
ニコルソン・――	イギリス人	船に戻った。
――・イートン	イギリス人	船に戻った。
――・エドウイン	イギリス人	道に迷って森で遭難した。
イギリス帆船ケント号　ロートン船長　2人を上陸させた。		
ジョン・ジャクソン	アメリカ人	一次的な滞在のあと離島した。
ジョン・バトラー	アメリカ人	一次的な滞在のあと離島した。

③1832年

イギリス帆船ワルマー号　ロビンズ船長　1人が逃亡した。		
ジェームス・マーチン	イギリス人	12カ月滞在後，自分の船に戻った。

④1833年

イギリス捕鯨船アメリア・ウイルソン号		二見港の北方，40マイルのところで座礁。3つのボートで12人が到着する。4人が残留した。
トーマス・ベイリイ	イギリス人	1837年8月9日時点で二見港に居住している。
ウイリアム・ジリー	イギリス人	1837年8月9日時点で二見港に居住している。
ジョゼフ・アントニオ	ポルトガル人	1837年8月9日時点で二見港に居住している。
ジョン・ロバーツ	ポルトガル人	1837年8月9日時点で二見港に居住している。
イギリス捕鯨船カドマス号　スノードン船長　14人の無法者を上陸させる。悪行を働く。		

⑤1834年

イギリス帆船フアーロン号　デール船長　2人が逃亡した。		
――・――	イギリス人	この2人は，5週間から6週間ほど経ったあと，
――・――	イギリス人	同じオーナーのイギリス帆船に乗船した。
イギリス船コルセア号　ベナーブル船長　2人を置き去りにした。		
――・――	イギリス人	すぐに島を去った。
ジェームス・マーシャル	スコットランド人	住民の抗議にもかかわらず，病気の状態で食料もなく，回復の見込みもないのに海岸に置き去りにされた。 現在(1837年8月9日時点)島に居住している。

イギリス帆船ダニエル号　ダンカン船長　乗員の１人が逃亡した。		
ジョン・パーカー	イギリス人	６週間滞在して，アメリカ船ボランテイア号に乗船した。

アメリカ船ハワード号　ワース船長　１人の病人を置き去りにした。		
――・――	ポルトガル人	ボランテイア号に乗船した。

イギリス帆船ロチェスター号　プライス船長　１人の男性が逃亡した。		
――・――	スコットランド人	12カ月以上滞在し，イギリス船トーリー号に乗船した。

⑥1835年

アメリカ船アマゾン号　クレシー船長　４人の男性が逃亡した。		
ウイリアム・ロウ	アメリカ人	1837年８月９日時点で二見港に居住している。
ベンジャミン・イーデイ	アメリカ人	他の船に乗船した。
トーマス・ミック	アメリカ人	他の船に乗船した。
――・エイヴリー	アメリカ人	他の船に乗船した。

イギリス帆船ジョン・パーマー号　ローレンス船長　２人の男性が逃亡した。		
ジェームス・スミス	イギリス人	1837年８月９日時点で二見港に居住している。
――・――	イギリス人	12カ月にわたって滞在し，その後，同じオーナーの船に乗船した。

イギリス帆船ホーク・ストーン号　ブリス船長　１人の男性が逃亡した。		
ウイリアム・――	イギリス人	１カ月滞在してアメリカ帆船デイアナ号に乗船した。

⑦1836年

アメリカ船ピーコック号　ストリブリング船長　２人の男が逃亡した。		
――・――	イギリス人	12カ月ほど滞在してイギリス船トーリーに乗船した。
――・――	アメリカ人	12カ月ほど滞在してイギリス船トーリーに乗船した。

アメリカスクーナ船エンタープライズ号　ホールデング船長　１人の男が逃亡した。		
リチャード・ラドマン	イギリス人	１年間滞在してイギリス船トーリーに乗船した。

⑧1837年

イギリス帆船ロチェスター号　ケネデー船長　２人の男性が逃亡した。		
チャールズ・パウエル	イギリス人	１カ月滞在して軍艦ラレーで兵役に就いた。
トーマス・ホーキンス	イギリス人	１カ月滞在して軍艦ラレーで兵役に就いた。

イギリス帆船メリッシュ号　カウリー船長　１人の男性が逃亡した。		
トーマス・ルイス	アイルランド人	６週間ほど滞在して軍艦ラレーで兵役に就いた。

イギリス帆船カロライン号　ホイラー船長　１人の男性が逃亡した。		
ジョン・ジャケット	イギリス人	1837年８月９日時点で二見港に居住している。

イギリス船アドミラル・コーバーン号　ロウレンス船長　１人の男性が逃亡した。		
――・――	イギリス人	10日間滞在してイギリス船メリッシュ号に乗船した。

⑨軍艦ラレーが1837年8月10日に二見港を出航するときの小笠原島の住人　総計42人

最初の移住者(Original Settlers)　合計25人 マーテイオ・モザーロ(ラグーザ〔イタリア領シシリア島〕)／リチャード・ミリーチャンプ(デヴァンシア〔イギリス〕)／アルデン・チャピン(ボストン〔アメリカ合衆国〕)／ナサニエル・セーボレー(ボストン〔アメリカ合衆国〕)／チャールズ・ジョンソン(コペンハーゲン)以上5人 サンドイッチ諸島の男性7人・女性13人
上記以後の移住者(After Settlers)　合計11人 ウィリアム・ジリー(ノース・ヤーマス〔イギリス〕)4年　二見港／トーマス・ベイリイ(ビティフォード〔イギリス〕)4年　二見港／ジョン・ブラボー(ケープ・テ・ヴァーブ〔ポルトガル〕)5年6カ月　二見港／ジョゼフ・カレン(ロンドン〔イギリス〕)5年6カ月　二見港／ジョン・ジャケット(ロンドン〔イギリス〕)2カ月／ジョゼフ・アントニオ(ブラジル〔ポルトガル〕)4年／ジョン・ロバーツ(リスボン〔ポルトガル〕)4年　二見港／ジェームス・スミス(ロンドン〔イギリス〕)1年　二見港／フランシス・シルヴァ(ファイアル〔アゾレス〕)1年　二見港／ウイリアム・ロウ(〔アメリカ合衆国〕)2年　二見港／ジェームス・マーシャル(スコットランド)3年　二見港
子供(Children)　合計6人 ウイリアム・ジリー／ジョージ・ジリー／ジョン・ヘイズ／ジョン・ブラボー／ジョージ・ブラボー／トーマス・ブラボー

出典：Correspondence relating to China. *Presented to both House of Parliament, by Command of Her Majesty* 1840. *Captain Elliot to Viscount Palmerston.* (*Received April* 10, 1838.) Inclosure 2 in No. 107. *Remarks on Peel Island, Bonin Groupe, situated in Lat,* 27° 5′ 35″ *N. Long.* 142° 11′ 30″ E., 9*th* *August*, 1837.

ある。②〜⑧を見てみると、毎年のように外国船が小笠原島に寄港しているのが分かる。それらはイギリス船ないしアメリカ船であった。

第三の点を示す。まず、小笠原島の状況である。モザーロとミリーチャンプなどサンドイッチ諸島から来た人たちは雇用契約が五月に切れて働かなくなっていた。また、政府によって権威づけられたトップがいないために秩序が乱れている、と艦長のクインは状況を説明する。彼はサンドイッチ諸島のイギリス領事からモザーロたちに渡され、小笠原島に立てられていたイギリスの国旗が擦り切れて、旗竿も倒れていたので立て直した、とも報告している。

これに関連して小笠原島の領有を考えたとき、重要なのは次の点である。サンドイッチ諸島から一八三〇年(天保元)に移ってきた島民たちは、島のすべてを調査していたが、それ以前の居住者の痕跡はなかった、とクインに述べたことである。ここからクインは「私は彼ら(島民)と同じ意見である。ピール島(小笠原島)

は、これまで専有されたことのない北太平洋のたくさんの島々の一つである」と記し、さらにイギリスの副領事を駐在させるように上申した。

小笠原島における一八三〇年代の外国人の状況を考察した。日本人と小笠原島の関係をクインの報告書から見出すことはできない。そのうえで、もう一点、付け加えておきたいことがある。クインは、軍艦ラレーが一八三七年三月に小笠原島を出港するときには四二人の外国人がいた、と報告書に記している点である。これは外国奉行の水野忠徳が、文久元年(一八六一)一〇月一一日に小笠原島の開拓について老中の安藤信正に提出した上申の中で、一八三七年(天保八)には四二人の外国人が確認されている、という記述と一致する。

小笠原島への政策の着手

幕府の小笠原島政策に戻ろう。老中は、文久元年(一八六一)一一月一六日、イギリス公使のラザフォード・オールコック(Rutherford Alcock)とアメリカ公使のタウンゼント・ハリス(Townsend Harris)に、日本の「南海属島」である小笠原島への渡航や開墾は中絶していたが、外国奉行の水野忠徳と目付の服部帰一らを派遣して開拓することになった、と伝達した[120]。

外国奉行の水野忠徳と目付の服部帰一らは、文久元年一二月七日、浦賀を出港し、一二月一九日、小笠原島の父島に到着した[121]。水野は、翌日の一二月二〇日、ナサニエル・セーボレー(Nathaniel Savory)らと奥村で対談し、彼らの来歴を聞き質すとともに小笠原島の「開拓」のためにやって来たことを伝え、「内地」から農民が移住するが居住している外国人を退去させる意図はない、と説明した。セーボレーたちは、小笠原島は「英国所領」であり、その証書なども保管している、と主張した。また、彼が渡島したときは無人島だった、という主張に対して、水野は小笠原島は三〇〇年前に日本人(「国人」)によって見つけられた島で「神祠」なども取り建てられたが一〇〇年ほど前に日本人の居住が途絶えてしまった、と説明している。[122]

話を進める前に確認しておきたことがある。水野に対応した島民のセーボレーである。彼は、表の⑨に名前が記載されていた最初に移住したグループの一員でボストン出身のアメリカ人である。移住したときには小笠原島は無人島だったというのは伝聞なのではなく、自身の体験を彼は話していたのである。また彼が、小笠原島はイギリス領である、と述べたことにも根拠があった。島民のトーマス・ウエブ(Tomas Webb)の家には、一八二七年にイギリスの軍艦の艦長が残した「銅板」が保存されていた。その「銅板」には、小笠原島の領有について、イギリス国王の船である「フロスソム」(船号)の船長「エフトフリューヒーチー」(人名)は一八二七年六月一四日、イギリス国王殿下第四代の「チョーチ《チャーチ》」(人名)に代わって「此諸島を領」した、と記されていた。これはブロソム号のビーチー船長が残した「銅板」の内容である。[123]

このような状況の中で、水野と服部がどのように活動したのかを見ていく。二人は、小笠原島の父島を巡回して移住民の戸数と国籍を調査した。そして、両者は、文久二年一月二四日、住人が農業などの生業について日本側の指示を受けるように命じた。さらに出生や移転についての届け出を規定した「小笠原島取締規則」と港則にあたる「小笠原島規則」を示した。[124] 次に、二人は母島に渡り、全島を巡検して、二月一一日、同様に「小笠原島取締規則」と「小笠原島規則」を公布した。[125]

そして、水野と服部は、文久二年三月九日、支配定役元締小花作之助・定役益田鷹之助・同心松波権之丞・英語通詞堀一郎の五人を残して小笠原島を出港し、三月二八日に帰府した。

幕府の動きに対してイギリス公使のオールコックは、二月一二日、小笠原島の帰属について幕府と会談したあと、二月一六日付で書翰を提出し、小笠原島を日本領とする根拠はない、と主張した。その根拠としてオールコックは、イギリスが「千八百二十七年大不列顚（大ブリテン）女王の名にて此（小笠原）島を始めて取れり」と主張し、その翌年にはロシア人も領有したことや、一八五三年にペリーが小笠原島の一部を居住している外国人から購入したことをあげた。彼はこれらのことから、小笠原島についての日本側の主張には根拠がない、と明言した。[126]

老中の久世広周《くぜひろちか》は、五月二〇日、英国代理公使のエドワード・セント・ジョン・ニール(Edward St. John Neale)に、小笠原島の外国人が政府から植民のために派遣されたのではなく、捕鯨船の乗員などであり、疾病などで一時的に滞在しているに過ぎないことや、ペリーが小笠原島の土地を購入したのも石炭の置き場として極めて些少な土地を購入したに過ぎないので、小笠原島をイギリス領である、と認める根拠にはならないと通知した。すでに小笠原島を支配するために役人を派遣し、このあと「人民」も移住させる、と伝達した。そのうえで、小笠原島の近辺に到来する外国船に石炭や必要な物資を供給するとも通知した。[127]

外国奉行支配調役の田中廉太郎らを乗船させた幕府の朝陽丸は、八月二六日、八丈島の島民三〇人(男性一五人・女性一五人)と家屋の建設のための大工五人・木挽《こびき》一人・鍛冶《かじ》一人を連れて小笠原島に到着した。[128]八丈島から小笠原島への移住を希望する者たちを集める際には、その希望者がいないのではないかと懸念されたが、それは杞憂だった。医師として同行した阿部将翁《あべしょうおう》が、八月二五日付で家族に宛てた書翰には一〇〇人ほどが移住を希望した、とあり、それは彼の意見によれば、八丈島における生活の苦しさと小笠原島への移住に対する給付金や給付米が誘因になっていた。[129]小笠原島では、一〇月九日、移住者たちに耕地が分け与えられた。その一方、在島の外国人から借地届けを出させるなど、その支配を少しずつ確実にしていった。[130]

しかし、幕府は、文久三年五月一三日、小笠原島から小花作之助らの幕吏と八丈島から移住させた人たちを引き揚げさせた。この開拓の中止は、前年の八月に発生した生麦《なまむぎ》事件で悪化したイギリスとの関係を考慮して決定された。この問題が小笠原島に波及することを恐れたのである。(131) 派遣された朝陽丸は、文久三年五月二〇日、小笠原島の「移民等不残引払」わせて品川に入港した。(132)

このように幕府は、小笠原島を「国境」内に編入するという試みを生麦事件というイギリスとの問題を考慮して文久三年五月に中止した。

第4章 境界から国境へ――明治時代初期の南方

1 明治維新と沖縄

「琉球一条取調書」

明治維新が日本と琉球国の関係にどのような変化をもたらしたのか、そして、それが南方の国境の形成にどのような影響を与えたのかを考える。最初に取りあげるのは、鹿児島藩が明治政府に提出した「琉球一条取調書」である。この「琉球一条取調書」は、鹿児島藩が、明治四年(一八七一)七月一二日、自藩と琉球国の関係について明治政府の弁官に提出した調書である。鹿児島藩の説明を示す。琉球国は、「上古」から「沖縄島」と呼ばれ、「南海十二島」の中にあって「皇国属島」であることは「古史」にも記されている。島津家《しまづけ》の祖である島津忠久《ただひさ》が、文治二年(一一八六)に薩摩・大隅・日向を支配したときに「南海十二島之地頭職」に補任され、それから琉球国を勢力下に収めた。しかし、兵乱によって「海外之所置」が行き届かず、明の洪武五年、すなわち応安五年(一三七二)に琉球国は明朝に「服従」し「王号」を受けて「衣冠」なども明朝の形式に変更させられた。そして「国号」を琉球国に改めさせられたが、島津家との関係は拒絶しなかった。島津家は、応永年中(一三九四～一四二七)の足利将軍の時代にも使節を琉球国に送り、書翰の往復なども行なってきた。島津忠国《ただくに》が、嘉吉元年（一四四一）に将軍家から「恩賞」として「琉球国加封」を受け、琉球国から「使節貢船」が差し向けられるようになった。これは、天正期（一五七三〜九一）まで継続された。その後、豊臣秀吉の「朝鮮征伐之役」のときに琉球国に「貢納」を求め「来聘」を勧めたがそれには従わなかった。そこで、島津家久《いえひさ》が、慶長一四年（一六〇九）に派兵して征討したところ、琉球国は「謝罪降服」し、そして琉球国の検地が実施され、薩摩藩の「領知高」にそれが組み込まれた。琉球国は、嘉永期（一八四八〜五三）まで途絶することなく幕府にも「入貢」してきた。

このように「琉球一条取調書」は、琉球国が「上古」、すなわち大昔から日本の「属島」であったとし、その支配の正当性を歴史に求めた。その一方で、「琉球一条取調書」は、琉球国が実態としては日本だけでなく清国にも関係していることを認めている。琉球国は「貧弱之小国」なので、名分上は正しくないが、日本（「皇国」）と清国（「支那」）を「父母之国」と称してきた。琉球国は両方に属さなければ立ち行かない「国情」なので、このような状況が続いてきた。「清国革命」（清朝の成立）のとき、清国が琉球国に「剃髪」や「衣冠」の変更を求めると考えて、島津光久《みつひさ》が明暦元年（一六五五）に幕府に使者を派遣して、その対応について照会した。幕府は、「彼之意ニ応し不苦候」と、清国の意向を琉球国が受け入れるのは問題ないが、その支配は島津光久が行なう、という老中達しが出された。

慶長期に琉球国が降伏して以来、鹿児島藩から琉球国に「士官」を置いて行政を掌らせ、その一方で、鹿児島藩に「官舎」を建設して琉球国の役人を交代で在留させてきた。また、琉球国は、毎年、「租税」を鹿児島藩に納め、その一方で、清国へは隔年で「貢船」を渡海させてきた。鹿児島藩は琉球国と清国の関係をこのように報告した。(133)

ここでは、琉球国が日本と清国に属していることを意味する「父母之国」という関係は、「貧弱之小国」である琉球国が立ち行くように日本（幕府と薩摩藩）が継続させてきた、と位置づけられている。

琉球使節の来朝

明治政府が次に実施したのは琉球国の使節の招聘だった。明治政府の要請により琉球国の正使尚健・副使尚有恒・賛議官尚維新が上京し、明治五年(一八七二)九月一四日、明治天皇に拝謁した。この拝謁のとき、明治天皇は副島種臣《そえじまたねおみ》外務卿を通じて、使節に「冊封ノ詔書」を与えた。この「冊封ノ詔書」には「万世一系ノ帝」である天皇が、これまで薩摩の「附庸」(従属国)だった琉球国の尚泰に高い爵位を与えて琉球藩王とし、さらに華族に列する、とある。[134]

この琉球国の使節の来朝と「冊封ノ詔書」の受領が境界の形成に与えた影響を二点取りあげる。第一は、アメリカ公使のチャールズ・デロング(Charles DeLong)の動向である。第二は、この琉球使節に付き添っていた鹿児島県の伊地知貞馨《いじちさだか》の情報である。

第一の点を示す。デロングは、九月一八日、外務卿の副島種臣に琉球国が日本に編入(incorporating)されたので、アメリカが琉球国と安政元年六月一七日(一八五四年七月一一日)に締結した「琉米条約」(「亜米利加合衆国琉球王国政府トノ定約」)を引き継ぐように要請した。副島は、一〇月五日、この要請に次のように述べて受諾している。琉球島は数百年前から「我邦の付属」であるが、「此度改て内藩」とした。デロングが言うように琉球島は「我帝国の一部」なので、アメリカと琉球国が締結した「規約」を日本政府は継承する。[135] このように「封冊ノ詔書」を中心とした琉球使節との一連の儀式によって琉球国が「内藩」になった、と副島は主張したのである。

第二に、琉球国の使節に付き添っていた伊地知貞馨の情報である。彼は、明治五年一月から三カ月間、琉球国に派遣され、その改革に携わった。彼は、このとき、琉球国の八重山の人たちの台湾での事件を知る。清国の福建から戻った琉球船が台湾に漂着していた一二人の八重山出身者を連れ帰った。伊地知は彼らから「台湾ノ土蠻、八重山人数十名ヲ殺害セリ」と伝えられた。

これは日本の台湾出兵の原因になる琉球漂流民殺害事件である。伊地知は、明治五年八月一二日、東京に到着し、二日後の八月一四日、外務卿の副島種臣の自宅で「八重山人殺害」(琉球漂流民殺害事件)と「琉球ノ政体風俗事情」を説明している。この琉球漂流民殺害事件は日本が琉球の領有を清国に主張するのに利用される。(136) この点については後述する。

琉球使節の上京に戻る。明治政府が、この拝謁を受けて実施する琉球国への政策である。外務卿の副島種臣は、拝謁の翌日の九月一五日、太政官の正院に提出した書面で、琉球国の使節が「封冊ノ詔書」を受け取ったので、日本に属した藩としての「体制」を徹底させるために琉球藩の「御処分」を実施する、と記している。この「御処分」の核心は、「辺陲ノ要地」である琉球藩に外務省員を在勤させて日本の「政治制度」を宣布し、「将来ノ目的」を定めるのに必要な「風俗視察」を外務省員と大蔵省員で行なうことである。(137)

この琉球藩に派遣される外務省員には外務省七等出仕の伊地知貞馨が任命される。琉球藩に到着した伊地知は、明治六年四月一四日、琉球藩の摂政と三司官に「朝旨」の遵奉と庶民への教育の尽力を求めた。(138)

国境の形成との関係で注目したいのは、伊地知を通じて外務省が、四月一三日頃、琉球藩に出した通知である。琉球藩は「海中の孤島」なので「境界」が不明確だと外国に略奪されるので、日の出から日の入りまで「久米」島・「宮古」島・「石垣」島・「入表《(西表)》」島・「与那国」島の五つの島に「御国旗」を掲揚する。このように「国旗」の掲揚が「境界」を明確にする道具として使われた。(139)

琉球藩の所轄は、このような一連の措置を受けて、明治七年(一八七四)七月一二日、内務省に移管される。この移管を求めたのは外務卿の寺島宗則《てらしまむねのり》であった。彼は、六月二九日、太政大臣の三条実美《さんじょうさねとみ》に「琉球藩之儀内務省ニテ管理為致度旨上申」を出して、琉球藩の所轄の変更を求めた。寺島はその理由について、琉球藩は君主がすでに華族に列せられて土地も「府県」と同様なのに外務省が所管する、というのでは日本政府が琉球藩を外国と見なしているように捉えられるので不都合である、と記している。これが契機となり琉球藩は内務省の管轄になる[140]。

ここでは、明治四年に薩摩藩が「琉球一条取調書」を明治政府に提出し、明治五年に琉球国の使節が東京で「封冊ノ詔書」を受け取り、その後、明治七年に琉球藩の所轄が外務省から内務省に移されるまでを見てきた。

台湾問題の処理と琉球問題

内務卿の大久保利通《おおくぼとしみち》の琉球藩政策、すなわち「琉球処分」を考察する。この点を考えるために、台湾で発生した琉球漂流民殺害事件とこれを契機に実施された台湾出兵の処理の過程を確認する。

明治政府は、明治七年(一八七四)二月六日、台湾政策について記した「台湾蕃地処分要略」を審議した[141]。この九カ条からなる「台湾蕃地処分要略」を台湾および琉球の国境との関連から検討するために、第一条から第三条を取りあげる。第一条を示す。「台湾土蕃ノ部落」に清国の支配が及んでいないのは、清国で出版されている書籍などからも明らかであり、さらには副島種臣外務卿に対する清国官吏の発言からも分かる。それゆえ、その地域は「無主ノ地」である。日本の「藩属」である琉球の人たちの殺害に報復するのは日本政府の義務である。

この副島への清国官吏の発言とは、明治六年六月二一日の北京での会談で清国側が台湾における「生蕃ノ暴横」を制せないのは「我政教ノ逮及セサル処ナリ」との発言を示唆している[142]。

第二条は、北京に日本の公使を派遣し公使館を設置することである。そして、清国がもしも公使に「琉球ノ属否」を照会してきたら、昨年、北京に派遣された副島大使が発言したように、「琉球ハ古来我帝国ノ所属」と回答させる。

この副島大使の発言とは、第一条と同様、明治六年六月二一日、「我朝、琉球ヲ撫字スル、尤モ久シク、中葉以降薩摩ニ附庸タリ」と清国側に発言したことを指している。この発言にある「附庸」とは属国、「撫字」とは慈《いつく》しむという意味である。

第三条は、清国の官吏が、琉球国から「献貢」の使節が派遣されているから、琉球国は清国と日本に「両属」している、と主張したときの対応である。すでに「琉球ヲ控禦スルノ実権」が日本にあるからそれには応答しない、と記されている。ここで使われている「控禦」とは、自由自在に操るという意味である。

大久保利通は、日記の明治七年二月六日条に、参議が審議を行ない「台湾一条相議シ」て「凡決定有之安心イタシ候」と記しており、この「台湾蕃地処分要略」がほぼ決定に至ったことが分かる。(143)

このように明治七年二月六日の「台湾蕃地処分要略」は、清国との琉球漂流民殺害事件の交渉のときに、琉球の領有を明確にするための交渉方針案であった。参議の大久保利通がこの交渉を担当する。彼は、明治七年八月一日、「全権弁理大臣」に任命されて北京で交渉し、一〇月三一日、清国と合意に達した。この過程を次に示す。

大久保は、九月一〇日に北京に到着した。ここで柳原前光《やなぎわらさきみつ》公使と廈門《アモイ》領事の福島九成《きゅうせい》から台湾の状況を聴取し、九月一四日、清国の外交事務を担当する総理衙門で交渉を開始した。

清国が大久保との交渉の仲介を依頼していたイギリス公使のトーマス・ウエード(Thomas Wade)は、総理衙門と協議して五〇万テールの日本への支払いの約束を取り付けて、一〇月二五日、大久保を訪問した。大久保は五〇万テールの支払いの名目を清朝皇帝の「恩典」(恵み施す)ではなく、台湾に建設した陣営と道路の建設費および「難民」のために支払う、とするように求めた。これは「難民撫恤」の一〇万テールと「修道建房」の四〇万テールになる。

さらに大久保は清国が日本の台湾出兵を「義挙」(正義のための行為)と認めるように求めた。これも受け入れられ

「義挙」という言葉が使用される。[144] 琉球漂流民殺害事件に端を発した台湾出兵はこのような結末になった。

台湾問題・琉球問題と朝鮮

台湾問題の処理の過程にあって国境の形成を考えるうえで、付言したいことが二つある。一つは、この交渉の仲介にあたったウエードの発言である。彼は交渉が妥結し、台湾問題が解決したことについて次のように大久保に述べた。今回のことで、日本の「威権」を清国に示せた。清国はおそらく「償金」を出すだろう。そして最終的に和平になれば日本の名声がヨーロッパにも及ぶだろう。ウエードはこのように琉球漂流民殺害事件と台湾出兵の解決が日本にもたらす影響を示唆したうえで、「今后、日本ハ朝鮮ニ手ヲ出スヘシ、夫ナレハ英、第一ニ助力致スヘシ」と述べた。彼は、日本の次の対外的目標は朝鮮である、と予想してその援助を申し出たのである。[145]

このようなウエードの考えは的外れではなかった。これが二つ目である。この史料を示す。外務省四等出仕の田辺《たなべ》太一《たいち》が、清国駐剳《ちゅうさつ》公使の柳原前光に渡すことを指示された明治七年七月一日付の訓令には、この台湾問題の処理が境界の形成において持っていた企図（「奥計」）が示されている。その企図とは、この台湾問題の処理によって琉球国の「両属ノ淵原」を絶ち「朝鮮自新ノ門戸ヲ開ク」こと、すなわち朝鮮の開国を促すことにある、と記されている。[146] 琉球漂流民殺害事件と台湾出兵の解決は琉球国の帰属だけでなく、朝鮮問題とも関係していたのである。

2　内務省の琉球処分案

「琉球藩処分方之儀ニ付伺」

大久保利通は、明治七年(一八七四)一一月一日に北京を出発して、一一月二六日、横浜に到着した。彼が次に着手したのは、琉球藩を日本が単独で統治するための方策だった。彼は次のようにこれを進める。第一に、明治七年一二月一五日、「琉球藩処分方之儀ニ付伺」を太政大臣の三条実美に提出した。第二に、明治八年三月一〇日、「琉球藩処分ノ儀ニ付再応上申」を同じく太政大臣の三条実美に提出した。第三に、大久保は明治八年の三月から五月にかけて琉球藩の池城親方・与那原親方・幸地親雲上と東京で協議する。第四に、松田道之《まつだみちゆき》を琉球藩に派遣する。この順番で内務省の琉球政策を考察する。

内務卿の大久保利通は、明治七年一二月一五日、太政大臣の三条実美に「琉球藩処分方之儀ニ付伺」を提出して、琉球藩についての方策を次のように上申した(147)。琉球藩は日本と清国の「両属」であった。日本は琉球藩の人民を保護してきたが、暦(「正朔」)は清国のものが利用されてきた。琉球国の使節が明治五年に上京したときに、日本から「冊封」を受けて尚泰は「藩王」に列せられたが、「清国ノ所管」を脱せず「曖昧模糊」なままで、その所属は明確にならなかった。これは「不体裁」ではあるが琉球藩の仕来たりがあり、さらには琉球藩の人々の気持ち(「情合」)のこともある。したがって「名分条理」だけでは決定できず、少しずつ改変することになった。今回の清国での交渉で台湾出兵(「蕃地御征討」)が「義挙」とされ、被害を受けた琉球の人たちに「撫卹銀」が支払われる。これにより琉球藩が、いく分ではあるが「我版図タル実跡」を示せた。しかし、外国からの「異論」も考えられる。また、台湾出兵は「琉球難民」の保護のために実施され、それに巨額の資金が使われたのだから、琉球の「藩王」が上京して謝意を表すのが当然である。しかし、彼は清国を恐れて無視してきたのかもしれない。政府が「藩王」の上京を命じても、それに応じなければ「御譴責」をせざるを得ない状況になる。そこで、まずは二人ないしは三人の「重役」を東京に呼んで「征蕃ノ顚末」「清国談判ノ曲折」「方今ノ形勢」「名分条理」を説明し、それらを「藩王」に伝達させて、彼を上京させる。

上京させる琉球藩の「重役」には琉球藩と「清国ノ関係ヲ一掃」すること、「鎮台支営」を那覇の港内に建設すること、さらには刑法や教育などの「制度変革」を順次、進めるように指示する。また、かつて琉球国が締結した外国との条約を日本政府に切り替えさせる。

このように大久保は上申した。この大久保の上申は左院で評議され、明治七年一二月二二日、琉球藩の官吏を上京させて説諭をすることが決定された。また大久保は上京する官吏から状況を聴取したうえで、琉球藩と清国の関係を清算する方策を上申するように指示された。

「琉球藩処分方ノ儀ニ付再応上申」

内務卿の大久保利通は、明治八年(一八七五)三月一〇日、太政大臣の三条実美に「琉球藩処分方ノ儀ニ付再応上申」を提出して琉球藩への対応について再上申した[148]。この「再応上申」の核心は琉球藩の処分について、それを一挙に実施(「一時十分ニ施行致候」)しては混乱するので「藩治ノ体段」(藩としての統治の基礎)と「保護ノ実蹟」を示すことに重きを置いて、それ以外は漸次、進めるという点にあった。大久保は具体的に次の二点を上申している。第一は、琉球藩が一般の府県と同じになる制度改革である。彼は、この改革について上京する琉球藩の官吏と話し合うことが必要である、と留保を付しながらも以下の五点をあげている。①「藩王」が「謝恩」を表明するために上京する。②明治の年号を使用する。③司法省が定めた法律によって統治する。④「藩治職制」の改正を行なう際に役人を派遣する。⑤「学事修行」のために「少壮之輩」を一〇人ほど上京させる。これらによって琉球藩を「府県一致ノ制度」になるように促す。第二は、那覇港内に鎮台の兵営を設置することである。

この大久保の上申を審議した左院は、三月一三日、次のように太政大臣の三条実美に上申した。琉球藩はすでに「我内属」になっているのだから「勢威」によって「圧制」せずに「撫恤」(慈しみ憐れむこと)に基づいて政策を実施する内務省の考えは重要である。内務省の上申を承認するのが適当である。大久保は、三月二九日、この上申の内容で上京する琉球藩の官吏を説諭するように、太政大臣の三条から指示された(149)。

琉球藩員の上京と琉球政策

大久保と琉球藩員との話し合いを次に考察する。東京での会談を記した明治八年(一八七五)三月三一日から五月四日までの対話書によれば、大久保が求めた指示を琉球側は受け入れなかった。

この点を大久保利通の日記と「琉球藩官員へ説諭応答ノ始末」から確認する(150)。大久保は、三月三一日、内務省において池城親方・与那原親方・幸地親雲上に、①「鎮台支営」を那覇に設置し、②下賜される「蒸気船」を受領し、③琉球漂流民殺害事件の被害者への「撫卹米」を受け取るよう「説諭」した。

大久保は、日記の五月四日条に「琉人」への「説諭ノ件」は今朝でおおよそ済んだが「大事件」の三カ条は受け入れられなかった、と記している。この「大事件」の三カ条とは「支営設立」「政体御改正」「藩王」の上京の三つである(151)。

松田道之の琉球藩派遣

明治政府は、東京での話し合いを踏まえて内務大丞の松田道之を琉球藩に派遣する。松田は、明治八年(一八七五)五月一四日、琉球藩への出張を太政官から命じられ、六月一二日に品川を出発する。[152]

大久保は、五月一七日、松田への指示について、以下のように太政大臣の三条実美に上申している。清帝が即位するときに派遣される「賀慶使」と隔年の「朝貢」は早急に停止させるが、北京と福建の琉球館の廃止と琉球藩主の交代のときの清国からの「冊封」は、その時期が迫っていないので琉球藩の考えに任せる。また、藩王の上京については病気など、止むを得ない場合には親族を名代として上京させる。鎮台の支営の設置のために陸軍省の士官を彼に同行させる。琉球藩には明治の年号と日本の刑法を適用させ、教育のために若者を上京させる。さらに「藩政改革」の実施を説諭して実行させる。

このように大久保は派遣する松田道之に実施させる政策について上申した。ここで注目されるのは、彼が一挙に改革を実施するのではなく「藩治ノ体面」すなわち琉球藩が日本の他県と同様な形式になるように体裁を改め、実際の取扱いはこれまでのやり方を踏襲しながら琉球の人たちの動向を見定めつつ改変する、と述べている点である。この大久保の上申は、五月一八日、太政大臣の三条実美の裁可を得た。三条実美は、五月二九日、内務省に隔年の「朝貢」と「賀慶使」だけでなく琉球藩王の代替わりのときの「冊封」を受けることも停止するよう指示している。[153]

松田道之の説諭

松田道之は、明治八年(一八七五)七月一四日、琉球藩王の尚泰に次のように指示した。琉球国のように一つの国が二つの政府の支配を受けるのは条理からも、また公法からも改められるべきである。それゆえ、明治五年に琉球国を琉球藩にして、尚泰を藩王とし一等官に任命して華族にした。すなわち「内部」における改革に着手した。しかし、清国との関係、すなわち「外部」はまったく旧慣のままである。琉球はアジアへ航海するうえで便利な位置にあるので、諸外国の中には琉球藩を「修船場」にしたい、と希望する国もある。このような状況なので琉球藩が日本政府の「版図」(領土)であることを示さなければ、琉球藩の存亡にかかわる。松田は、このように琉球藩に清国との関係の清算を求めた。(154) さらに彼は琉球藩が清国との関係を清算して境界を明確にしなければ、日本が「我カ版図ノ国ヲ待ツノ体」、すなわち領土を明確にしている国家、という体裁を失うと示唆する。(155)

松田は改革について具体的に三点示し、その理由を述べた。第一に、福建の「琉球館」を廃止する。なぜなら琉球藩は清国に「朝貢」しないから「公館」は必要なくなる。第二に、尚泰は上京すべきである。なぜなら彼は台湾での琉球藩の人たちの殺害に対してなされた台湾出兵に「謝恩」を示すべきだからである。第三に、鎮台を設置する。なぜなら琉球藩は「政府版図ノ一国」なので、その保護は「日本全国」が責任を持つからである。明治政府は国内の要地に鎮台やその分営を置くのである。このように松田は琉球側に指示とその理由を説明した。(156)

琉球藩王の尚泰は、明治八年八月五日、これへの回答を松田に提出した。尚泰は言う。琉球にとって日本と清国は「父母之国」であり、清国との関係を止めるのは「親子之道」を絶つのと同じである。琉球は両国に属しているので、日本との関係では日本の暦を、清国との関係では清国のそれを使う。(157)

これに加えて、伊江王子らは、同日の八月五日、松田に書翰を提出して、明治五年に外務卿の副島種臣が琉球国の「国体政体」を永久に変えない、と約束したことや琉球藩が内務省の管轄になったときに、いずれもこれまでの通りという口達が内務省の林友幸からあった、と主張した。(158)

松田はこの主張に対して、九月一日、琉球藩が日本と清国に両属するのは「万国ノ公法」からも問題なのである、と次のような事例を書面で伊江王子らに示した。清国が他国と戦争した場合、その国は琉球を清国の「隷属」と考えて略奪する可能性がある。そうなったら清国と他国の戦争に日本が局外中立の立場を採っても、結局はその戦争に巻き込まれてしまう[159]。

松田は、国としての体面や国際法の視点からだけでなく、清国と他国の戦争に日本が巻き込まれるという可能性を示して、琉球藩と清国の関係の解消を求めた。

3 パークスと琉球処分

朝貢の影響

明治政府は、さらに琉球国への政策を推進し、いわゆる琉球処分を明治一二年(一八七九)に実施する。この過程でイギリス公使のハリー・パークス(Harry Parkes)が大きな役割を果たす。彼の活動に留意しながら、南方の国境の形成の画期となる琉球処分を考える。

琉球藩と清国の関係の解消に与えたパークスの活動を考察する。これについて「明治八年五月二十日於外務省寺島外務卿英国公使パークス応接記之内」と題する対話書を取りあげる。

パークスは、明治八年五月二〇日、寺島宗則外務卿と会談し、琉球と清国の関係についてある情報を伝え、この情報について質問した。彼は北京からの情報として、「貢物」を持参した琉球人が北京に駐在している、と伝えた。寺島は琉球人が清国に「貢」を出す年なので、明治七年一〇月に琉球を出発した、と回答している。パークスは琉球が今後も清国に「貢」を出すのか、と問い質した。寺島は、今後はそれを中止させる、と明言した。さらに、パークスは、それでは「貢」に代わることを何か琉球に許可するのか、と尋ねてきた。寺島は「何モ許サズ」と回答し、琉球と清国の朝貢関係を解消させる、と返答した。しかし、パークスはそれに納得せず、これまで琉球の清国への朝貢を日本が止めなかったのは理解できないことだ、と追及してきた。寺島はそれについて次のように説明した。薩摩藩が琉球国を管轄していたときには、琉球国の人が清国に朝貢することで薩摩藩に利益があり、それゆえ「黙許」されてきた。なぜなら江戸幕府が統治していた時代は、幕府以外には外国との貿易が許されていなかったので、薩摩藩は琉球国を仲介にして貿易を行なって利益を得ていた。これは明治政府が朝貢を停止しなかったことへの回答にはなっておらず、パークスの了解を得られるものではなかった。

パークスは、琉球人たちの北京への朝貢の情報を外務卿の寺島宗則に伝えたうえで、この情報を利用して日本と琉球国の関係の現状の確認と、今後の明治政府の方針を問い質したのである。[160]

パークスの追及はさらに続くことになる。この会談から三カ月ほどたった明治八年八月二三日のパークスと寺島の会談を記した「明治八年八月廿三日於本省寺島外務卿英国公使パークス応接記之内」を次に取りあげる。

パークスは、八月二三日、外務省で寺島宗則に、清国が琉球国に軍艦を派遣する、という記事が清国の新聞に掲載されている、と伝えに来た。寺島は、その新聞をすでに閲覧したが北京などに駐在している外交官から関連する情報は得ていない、と回答した。ここでパークスは、琉球国の清国への朝貢について再び質問してきた。寺島はそれを止めさせた(「差留」)と回答している。これに対しパークスは、琉球人たちの福建での貿易にはどのような措置が講じられているのか、と質問した。寺島はそれについては対応していない、と回答した。するとパークスは、福建において貿易品を「貢物」と唱えれば課税されていない、と指摘して、日本政府が官吏を駐在させて対処すべきである、と提言した。寺島は廈門《アモイ》には日本の領事館があり、そこが管理すると回答したが、パークスは廈門ではあまりに場所が離れている、と述べて納得しなかった。寺島は、廈門の領事が福建も管轄し時宜により出張する、と説明したものの最終的には琉球国に派遣している日本の官吏がこの取締りを行なう、と発言している[161]。

このようにパークスは、五月二〇日の会談からさらに踏み込んで福建における「朝貢」の規制を寺島に提起した。パークスの発言は、琉球国が日本の領土なら、そこから外国である清国への輸出品に課税されないのは矛盾している、という点を突いているのである。

普通之免状の交付

外務卿の寺島宗則は、琉球藩と清国の「朝貢」関係を解消させるために何らかの手立てを講じなければならない、と考えた。彼が着手したのは琉球藩の人の清国への渡航手続きだった。

寺島は、明治九年(一八七六)二月一五日、内務卿の大久保利通に琉球藩の人たちの海外渡航の手続きについて次のように照会した。琉球藩の人たちは清国やその他の国々に渡航する際、日本人に義務づけている「航海免状」を取得しておらず、その申請さえもしていない。現在、琉球藩の人が海外に行くときに、どのように許可を得ているのか、ないしは無届けなのか。このように照会した。大久保は、二月二四日、琉球藩の人たちが清国に渡航するときには、「乗組人名」と行き先の「地名」などを琉球藩にいる内務省の役人に届け出ており、これは外務省が琉球藩を管轄していたときからの仕来たりである、と回答している。

このように琉球藩の人たちの清国への渡航には、通常の「航海免状」は発給されていなかった。ここで留意したいのは、大久保が将来はそれを改正する見込みであるが現段階では「其儘」にしておく、と早急には改正する積もりがない、と述べていることである[162]。

一方、外務卿の寺島はこれに納得しなかった。彼は、明治九年五月一九日、大久保に琉球藩の人が商用などで清国に渡航する際に許可状(「免状」)を取得するように求めた。この許可状は、明治九年六月に外務省から内務省に送付されている。これは琉球藩の人たちが清国に行くときにのみ適用された。その後、明治一一年三月には「海外旅券」が発給され、この許可状もこれに切り替えられる。

このように外務卿の寺島は、琉球藩の人たちの清国への渡航を通常の外国への渡航と同様の手続きに改変していった。これは、日本に包摂されている琉球藩から海外渡航として清国に行くことを顕在化させたのであり、「国境」の実質化を推し進めたのである。

清国の抗議

日本の琉球藩に対する施策は清国側の不満を惹起する。最初にこれに抗議したのは李鴻章《りこうしょう》である。森有礼《もりありのり》全権公使は、明治一〇年(一八七七)九月二〇日、寺島宗則外務卿に李鴻章と天津の日本領事館においてこの問題についてなされた会談の内容を伝えた。李は清国への琉球国の「進貢」を日本政府が停止させた、と琉球国が申し立ててきたが、そのような措置が取られたのかと質問した。そのうえで李は、琉球国は清国の「属国」であり「福建総督ノ所轄」下にある、と主張した。森は、琉球藩のことは日本の「内務ノ所轄」(内務省)であり外交に関係しないので承知していない、と回答している。以上のように、森は天津の領事館における李鴻章との会談の内容を伝達した[163]。

清国の抗議は東京でも行なわれる。特に翌年の明治一一年九月からの抗議は琉球の所属だけでなく、領土や支配という国境を考える上で重要な概念について清国と日本の間でかなりの隔たりがあったことを示した。寺島外務卿と公使の何如璋《かじょしょう》が、明治一一年九月三日に行なった「琉球問題」についての対談を取り上げる。何如璋は言う。琉球国が近来、日本の「附属」になったというが、同国が清国に「納貢」してきたことは日本も承知しているだろう。琉球国の「進貢」の禁止で琉球の人たちは迷惑しているので元に戻すべきだ。このように申し入れた。寺島はそれに反駁する。昔は「小国」が「大国」に仕えるという事例はあった。しかし、近来は「独立之勢力」のない国は他国に併合される恐れがある。琉球国には外国との交際を許してきたが問題が生じたので外国との交際は日本政府が引き受ける。何が「琉球ハ貴国ノ属地ナリヤ」と問うと、寺島は「然り」と明言した。何は寺島にこの問題の継続協議を申し入れた。(164)

何は、二週間ほど経った九月一八日、外務省の宮本小一大書記官を通じて外務卿の寺島宗則に申し入れをした。この問題の仲裁を同盟国に依頼したいが、同盟国の中でアメリカ・フランス・オランダは琉球国と関係がある当事者なので仲裁を依頼するには問題がある。また、それ以外で依頼できる国もない。清国と日本は他国よりも「和熟」が必要な関係である。「朝貢」について琉球の人から日本に申し立てがあるので、それを受諾できないときは清国と日本で再び談判を行ないたい。(165)

寺島は、一〇日ほど経った九月二七日、何如璋に日本が琉球を管轄し始めたのはおよそ三百年前であり、当時は薩摩に琉球国を委任して統治させ、琉球国からも薩摩に役人が常駐していた、と主張した。さらに彼は、琉球国のことを薩摩に委任していたので薩摩の「勝手」にさせ、琉球国と清国の関係を「黙許」していたが、「海外各国之形勢一変」したので「曖昧なる姿」のままにはしておけない、と述べた。何は、押し問答の末、琉球国は清国に三千年前から所属しており、日本の「藩属」にはならない、と反論した。(166)

土地を管轄するとは?

寺島は土地の管轄について何に説明する。土地を管轄する者とは、その土地から税金を徴収する者を指すのであり、それは「公法」(「国際法」)に記されている。また、清国は台湾の問題(「台湾一件」〈琉球漂流民殺害事件〉)が生じたときに琉球国は清国の「属地」であるが、政治(「政」)はしていない、と述べたので「大議論」になった。書籍などに、かつては琉球国が清国の「属国」と記載されていても、現在、実際に政治(「実政」)をしていなければ、それは領有の根拠にはならないのである。

何はこの説明に納得せず、その地域の「国民」がその支配に「信服」しなければ「管轄の主」とはいえない、と反論した。寺島は、ボスニア・ヘルツェゴビナがオーストリア・ハンガリー帝国と戦いを始めたが、そもそもボスニア・ヘルツェゴビナがこの帝国の支配を受け入れるか否かは問題ではなく、ベルリン会議でボスニア・ヘルツェゴビナはこの帝国の領土になった、と示唆して「国民」の「信服」など、その土地の「管轄の主」とは関係ない、と切り返した。

この寺島の主張には説明が必要であろう。ベルリン会議は、一八七八年(明治一一)六月から七月にドイツのビスマルクの主導によって開催された。ロシアが露土戦争でトルコに勝利して結ばれたサン・ステファノ条約によって、ロシアの勢力の拡大をイギリスやオーストリア・ハンガリーが懸念した。ビスマルクはこの調停を口実にベルリン会議を開催した。この会議でオーストリア・ハンガリーはボスニア・ヘルツェゴビナを支配下に置くことになった。しかし、この支配に抵抗運動が起きていた。寺島は、このベルリン会議以後のヨーロッパで発生していた同時代的な領土問題を引き合いに出して何の意見に反論したのである。寺島と何の対話に戻ろう。

次に寺島は、雲南やカシュガルの人たちが清国の支配を受け入れなくても、それを「捨置」かないだろう、と清国の辺境地域の支配について言及した。そして彼は、「管轄」とは人がそれに服しているか否かは関係なく、現在、どのような関係を形成(「着手の如何」)しているかが問題なのだ、と繰り返した。

さらに寺島は、何を責めるために「台湾一件」(琉球漂流民殺害事件)を持ち出した。寺島は言う。台湾の問題は、単に日本と清国の問題ではないのである。問題の起源は、清国が台湾を捨て置いたために「土人」の「暴虐」が起り、各国がその影響を受けたことである。琉球で同じようなことが起ったら、今度は日本がその責めを負うのである。寺島は琉球の問題を「台湾一件」と結び付けて、このように何に述べた。

冊封関係とは？

何は清国と琉球国の関係について、中山王に「封し候」関係である、と冊封《さくほう》関係について説明した。すると寺島は、それはかつてヨーロッパの各国が古代のローマに「帝号」を求めたようなものであり、実態はない、と評した。

寺島は、これに関連してシャムを事例に清国と周辺国の関係の説明を求めた。何はその関係を三つに分けて説明する。モンゴル(「蒙古」)は「内藩」であり、朝鮮と琉球は「外藩」であり、ビルマとシャムは「朝貢」国である。寺島は、「外藩」の朝鮮は「独立」していて他の国と戦争までしている、と清国と朝鮮の関係を問うと、何は「外藩」の「国政」には関与しない、と回答した。寺島は、その国の政治(「政」)に関わらないのなら、それは「管轄」とも「保護」とも言えないと主張した。寺島は、「外藩」などと言いながら放置していれば、いずれその全てが「他国の略奪物」になる、と主張した。[167]

冊封関係についての議論はさらに続いた。この協議から一カ月ほど経った明治一一年一〇月七日、何如璋と副使張斯桂は寺島外務卿に琉球国の所属について再び照会してきた。何は言う。琉球国は、「中国洋面」の小島の独立国

(「自ラ一国」)である。そして、琉球国は洪武五年(一三七二)に中国の「臣服」になった。琉球国の王は、王として中国から「封」され、「貢」を納めている。その「朝貢」は二年に一回である。中国は琉球国の政治について、その自治を許している。また、琉球国が、咸豊年間(一八五一〜六一)にアメリカ・フランス・オランダと締結した条約では中国の年号を使用している。それゆえヨーロッパの国々の中で琉球国が中国の「服属ノ国」であるのを知らない国はないのである。さらに、日本と清国で結ばれた修好条規の第一条には、両国の国土を侵害しない、とあり日本はそれに違反すべきではない(168)。

寺島宗則外務卿は、これに対して一一月二一日、その領有の根拠を示すことなく、琉球が数百年来、「我国所属ノ一地方」であり日本の内務省の所轄にある、と反論し、日本が琉球に中国への朝貢を禁止した理由も知らずに非難するのは両国の友好を重んじているとは言えない、と応酬した(169)。

このように琉球国の清国への「朝貢」の停止とそれに続く一連の政策は、清国の日本への抗議を惹起した。しかし、日本政府はそれを撥ねつけた。そして日本政府は琉球国へさらに強権的な政策を構想する(170)。

琉球処分

太政官は、明治一一年(一八七八)一二月二七日、内務大書記官の松田道之に琉球藩への出張を命じた。彼は、明治一二年の一月から二月にかけてと同年三月から六月にかけて二度、琉球藩に派遣される。

まず、松田道之の第一回目の派遣を二つの点から考察する。第一に、松田が琉球藩への出張を命じられるまでの状況である。第二に、琉球藩での松田の活動である。

第一の点を示す。内務卿の伊藤博文は、明治一一年一二月四日、太政大臣の三条実美に「琉球藩処分案」という題名で四点が記された書類を上申した[171]。第一に「従来ノ状況ノ大略」、第二に「処分ノ結果ノ大略」、第三に「処分ノ方略」、第四に「琉球藩処分方法」である。

第一の「従来ノ状況ノ大略」はこれまでの琉球の状況を次のように記す。琉球藩は、現在の藩主である尚泰まで三八代に及び、「昔時」から日本に属し「中時」には薩摩藩主の管轄を受け、「近時」には日本政府の「直管」になった。しかし、その「裁判」「兵権」「貨幣」「頒暦」などを除いた行政は「藩王」に委ねられている。琉球藩の人民は「藩王」と藩政府は知っていても天皇と日本政府を知らない。人民は藩王を尊信していて彼のためには命を投げうって財産を捨てることも惜しまない。言語は日本と中国の言葉が混然となり本邦人には通じない。このような状況であるが、結局のところ琉球藩の政治はあらゆる点において「圧制ノ主義」である。

第二の「処分ノ結果ノ大略」は、第一の「従来ノ状況ノ大略」を踏まえて、処分が実施されたときに想定される結末である。琉球藩側は処分を拒否するであろうが、彼らに「兵力」はなく「孤島ノ人民」なので最終的には命令に従わざるを得ないが、問題なのは人民が日本語を理解しないことである。それゆえ政令を伝達するのに「士族」を媒介しなければならないが、彼らは「不平徒」であり、人民に布達を正しく伝えない。本来ならば人民は「圧制苛酷ヲ免」れて新しい政治を受け入れ、それに慣れるものなのに、「士族」を介してはそれは困難である。この点で内地の「廃置県」とは事情が異なる。

第三の「処分ノ方略」は、第二の「処分ノ結果ノ大略」の方策を提起する。最初に琉球藩を「隷属半主ノ国」ではなく日本の「一藩地」である、と位置づけ、その現状について四点の指摘をする。第一に、副島種臣が外務卿であったときに、琉球の「国体政体」は「永久変更セサル」と述べたのを琉球藩は「不朽ノ金言」としてそれを主張し続けている。第二に、明治政府が、明治八年に出した隔年の「朝貢使」と清朝の皇帝の即位時の「慶賀使」の派遣ならびに琉球藩主の代替わりのときの清朝からの「冊封」の停止の指示への「遵奉」書を提出していない。第三に、明治九年に裁判所の設置を指示したが、その「遵奉」書も提出していない。第四に、東京の琉球藩吏が清国公使に「密訴」している。このような状況を勘案して、「廃藩置県」と藩王の東京在住が必要だが、それらを同時に実施しては大きな反発が予想されるので、藩王の東京在住は譲歩して、居城を退去させて別荘に居住させる。これらの処置も、その後の琉球県の統治も実力によって実施するが、廃藩県置については、その発令と同時の派兵は「討伐ノ処置」と「誤認」されて動揺を来すことになるので、発令する前に琉球に駐在している分営の兵士の増兵を実施する。その後、廃藩置県の事務担当の官吏と琉球県の事務担当の官吏を同時に派遣して処分を実施し琉球県を県令に引き渡す。このように第三の「処分ノ法略」は、「廃藩置県」の方策を示した。これに基づいた具体的な方法が、次の第四の「琉球藩処分方法」である。「琉球藩処分方法」は一四条からなっている。ここではこの「琉球藩処分方法」の核心である最初の三条を示す。

第一条に、琉球処分の発令前に琉球藩の分営の部隊を増員する。第二条に、処分の手順が整い次第、琉球藩を廃止して「琉球沖縄県」を設置し首里城を県庁にする。第三条に、「勅書」と太政大臣から藩王尚泰への「御達」を出す。この「御達」の内容が次のように示されている。清国への「朝貢使」と清帝即位のときの「慶賀使」ならびに藩王の代替わりのときの清国からの「冊封」の廃止と、さらに琉球藩が裁判官に裁判事務を引き渡さないのは「国憲」の点から看過できないので「廃藩県置」を実施する。

このように「琉球処分」の手順が、内務卿の伊藤博文から太政大臣の三条実美に提出された。これについて明治一一年一二月に出された明治政府の審議は、この方策は急進的過ぎる、と結論づけた。審議の書類は、現状は問題であるが「御督責」もせずにこのような処置をしては「穏当ヲ欠」くので、まずは官吏を派遣して「督責」し、それに従わなければ処分を実施する、と提起した。このような「琉球処分方法」とその審議を経て、松田道之が派遣されることになった。

第二に、琉球藩への松田道之の派遣とそれへの琉球藩の対応を考察する。松田は太政官から琉球藩への出張を一二月二七日に命じられた[172]。彼は、明治一二年一月八日、横浜を出発して一月二五日に那覇に到着した[173]。

彼は、一月二六日、尚泰の代理の今帰仁王子との会談で、琉球藩の従来の対応に不満を示し、今回、明治政府の指示を遵守しなければ「厳重ノ御処分」を実施するのが「廟議」である、と伝えた。そのうえで、彼は、一月二九日、指示を受け入れる「遵奉書」に加えて政府への歎願や方針に反する活動はしない、という「御誓表」も太政大臣の三条実美に提出することを求めた[174]。

松田は、二月一日、三司官(与那原親方・富川親方・浦添親方)に、二月三日の午前一〇時に今帰仁王子とともに琉球藩の決定を提出するように命じた。この二月三日に提出された太政大臣三条実美宛の琉球藩王尚泰の「藩王奉答書」を示す。「御督責書」を受け取り松田の説諭も承知したが、清国との関係を停止したり裁判事務の引き継ぎなどができないのには理由がある。また、現在、東京に駐在している清国の公使から琉球藩の使者に「情実査問」がなされ、それに回答した。清国から日本の外務省にもこれについて照会があるだろう。これが済まないうちに明治政府の指示を「遵奉」する、と回答しては清国から「譴責」が加えられる。このように主張して尚泰は「遵奉書」の提出を拒否した[175]。

松田は帰京を決定した。彼は、出発に際して琉球藩の藩吏が伊藤博文内務卿の許可を得ずに藩地外に出ることを禁じた。

沖縄県の設置

松田は、明治一二年(一八七九)二月四日に那覇を出航して二月一三日に帰京し、翌日の二月一四日に内閣に出頭して「復命書」を太政大臣の三条実美に提出した。

「復命書」を受け取った太政大臣の三条実美は、二月一八日、内務省に琉球藩の処分に関する「実際之手続等」の取調べを指示し、陸軍省には「琉球藩分遣隊」の増員を指示した。

内務卿の伊藤博文は、三月一日、「琉球藩処分之方法」を三条実美に提出した。それは二一条からなっており、松田が琉球に派遣されたときの方法を踏襲していたが、より強権的なものだった。

ここでは最初の六条を示す。第一条に、琉球藩の営所に「半大隊」の兵士を増員する。第二条に、琉球の「内務省出張所」の警部巡査を一五〇人ほど増員する。第三条に、「処分官」「随行官」を任命する。第四条に、琉球藩王に「勅諭書」を与える。第五条に、琉球藩を廃して琉球県を置く「御達」を出す。第六条に、太政大臣から琉球藩王尚泰に「御達」を出す。この「御達」は松田が琉球に派遣されたときの一四条にわたる「琉球藩処分方法」の第三条――「朝貢使」「慶賀使」「冊封」の廃止と「裁判事務の引き渡し」――に相当する。しかし、今回の「御達」には、内務大書記官の松田道之が派遣され「督責」を行なったが受け入れなかった、という非難が書き加えられ、看過できないので「廃藩置県」を命じる、と記されている。

この三月一日に出された「琉球藩処分之方法」は、「拘引」「逮捕」「兵力ヲ用ユ」など「琉球処分」の強権性が読みとれる。また、第六条のように、松田による「督責」を無視し、琉球藩側が清国との関係を断絶せず、このような手段を取らざるを得ない、という論法になっている。

太政大臣の三条実美は、明治一二年三月八日、松田に琉球藩への派遣を指示した。彼には「琉球藩処分之方法」が示された。

さらに松田が琉球藩に示す「勅語」(三月一一日付)も渡された。この「勅語」から、明治政府が琉球藩をどのように捉えていたのかが読み取れる。「勅語」を示す。琉球は昔から天皇の徳に服し、天皇が恵み育ててきた徳に頼って来た。しかし、現在はその恩につけ込み疑義を挟んで使命を全うしない。琉球は遠方にありその知見にも限りがあるので天皇は「一視同仁」(すべての人を平等に愛する)に基づき、その罪を責めはしない。今回、琉球藩を廃止し尚泰を東京に移し、尚健と尚弼を華族に列する。そして彼らを東京府の「貫属」にする。

この「勅語」を携えた松田は、六〇〇名あまりの一行とともに、明治一二年三月二五日の午前七時に那覇に到着した。琉球藩ではすでに風説が流れており、藩吏は家族を領地外に移そうとしたり、一般の人々も田舎に逃げようとしたが、藩庁からの厳重な「告諭書」によって、松田の到着前には沈静化させられていた。(176)

松田は、三月二七日、尚泰に「御達書」を渡して説諭した。さらに彼は、尚泰に三月三一日には居城を退去し、東京に出発するまで嫡子尚典の屋敷に仮住することを指示した。

松田は沖縄県令心得の木梨精一郎(内務少書記官)と連名で、同日の三月二七日、一般の人々に「告諭」――「旧琉球藩下一般ノ人民ニ告諭ス」――を出して、沖縄県の設置と琉球が古来から「日本国ノ属地」であり「天皇陛下ノ臣民」なので、その政令に従うことを求め琉球藩の「苛酷ノ所為」や重税を軽減する、と伝達した。(177)

このような処置に対して、琉球藩側は、三月二八日、「当藩ハ自ラ開闢シ素ヨリ君主ノ権ヲ有シ、御内地旧藩トハ相替り候」と、琉球藩が内地の藩とは異なる、として明治政府と清国との協議が決着するまでは今回の処置を延期するように求めた。(178)尚泰は退城したものの東京に行くことは了承せず、自らの上京が困難なので嫡子の中城王子尚典の派遣の許可を松田に求め、松田はそれを許可した。(179)

一方、太政大臣の三条実美は、明治一二年四月四日、琉球藩の廃止と沖縄県の設置および首里に県庁を設置することを布告した。

琉球処分は、琉球国が古来から天皇の威徳の及ぶ範囲にあり、その人民が苛酷な琉球藩(国)の支配を受けていたが、それから救い出すという論理によって実施された。その一方で、強権的な手段による琉球処分が実行された。

4 清とロシアのはざまで――明治一〇年代前半

イリ問題と琉球

琉球を中心とした明治一〇年代前半の南方の国境問題を清国とロシアの間で発生していた国境問題、すなわちイリ問題との関連に留意して考察する。最初に、イリ地方が清国とロシアの紛争の場になった経緯を確認する。イリ地方が紛争の場になったのは、ヤクーブ・ベクがカシュガルにイスラム国家を建設したことが発端だった。ロシアは、この国家が清国の領域内にあったので直接的な干渉を避けていたが、通商が妨害されたり領事館が破壊されたことが契機になり明治四年(一八七一)にイリ地方を占拠した。清国は、明治一〇年(一八七七)、ロシアにその返還を求めた。清国は、崇厚を全権大使としてロシアに派遣し、明治一二年一〇月二日、クリミア半島のリワディアで条約を調印した。しかし、このリワディア条約は、清国側にとって著しく不利な内容であったため崇大使は問責され、ロシアに条約の改定を求める事態になった。その結果、新たな条約がサンクト・ペテルブルクで明治一四年二月二四日に調印され、八月一九日に批准書が交換された。

このようなイリ地方をめぐる清国とロシアの国境問題は、琉球をめぐる日本と清国の国境問題に関連していた。この点を考える。長崎で出されていた『西海新聞』を取りあげる。『西海新聞』は、清国の有力紙であった『申報』や上海の『晋源』(The Shanghai Courier)などから重要な情報を翻訳して掲載していた。これらの翻訳記事は、中央紙にもしばしば転載され、当時の日本における清国事情を知る情報源の一つだった。

ここでは『西海新聞』に掲載された二つの記事を取りあげる。第一は、明治一三年三月三一日付の「中東合従説」である。第二は、明治一三年四月二七日付・四月二九日付の「魯支ノ近状」である。

第一の「中東合従説」と題する記事は、『申報』の記事を翻訳してイリ問題と琉球問題を関連づけて報じる。ロシアは、清国の崇厚大使と結んだ「伊犂和約」(リワディア条約)の履行を求めるであろうが、清国がこの崇大使の条約の締結を越権行為として問責することから考えて、ロシアと対決(「雌雄ヲ決セント」)することは明らかである。ロシアと清国のどちらも譲歩しなければ戦争になる。清国が勝利しても戦争による害(「兵改ノ患」)があるし、ロシアが勝利すれば清国が被害を受けるだけでなく日本も安心できなくなる。ロシアは海軍で進撃するので清国の対岸にある日本にも危険が及ぶのである。昨年来、清国と日本には琉球についての紛議(「琉球ノ一事」)があり、いまだに解決できていない。清国の論者の中には、「一時ニ釁ヲ二国(日本及魯西亜)ニ啓カハ中国ノ病ヒヲ為スモノ少ナカラズ」と、日本およびロシアと同時に戦争するのは清国にとって害だ、と主張する者もいる。日本が琉球を得たとしても、それは大きな倉に「一粟」を加えるだけであり、清国にとってもそれを失うのは「九牛ノ一毫」の喪失でしかない。一方、土地は小さくても琉球は、「両国ノ体面」に関係する重大な問題である、と主張する者もいる。しかし、現在の状況はアジアの大局から考えなければならず、清国と日本はアジアの国であり兄弟ともいえるので、琉球のことでの不和は兄弟喧嘩なのである。一方で、ロシアとの争いは外からの辱《はずかし》めである。琉球のことで清国と日本が紛争することはロシアにとってまさに漁夫の利である。ロシアは以前からアジアを狙っており、清国から日本にもその影響が及ぶであろう。状況を理解している者で、清国と日本が力を合わせてロシアの排斥を願わない者はいない。

以上のように『申報』は、イリ問題と琉球問題をセットで論じ、後者は小事なのだから清国と日本が協力してロシアに対峙することを提言した。この記事を翻訳して掲載した『西海新聞』の記者は、かつて琉球問題で「開戦主義」を唱えた『申報』がこのように「交親主義」を主張するのは節操がない、と批判しつつも誤りを改めることに遠慮はいらない、と感想を記している(180)。

第二は『西海新聞』の明治一三年四月二七日付の「魯支ノ近況」である。「魯支ノ近況」は最初にロシアの新聞記者の情報として、清国がロシアに派遣した崇厚大使の条約(リワディア条約)を承認せずに破棄したのは、イギリスの教唆によるのであり、イリ地方の境界に駐在している清国兵は「英国ノ兵器」を使用しているので、まずは「英国ヲ詰問」すべきだ、と記す。イリ問題を清国とロシアの国境紛争というだけでなくイギリスとロシアの対立が絡み合っている、と『西海新聞』は示唆したのである。さらに『西海新聞』の四月二九日付の「魯支ノ近況」は、上海の『晋源』の記事を掲載し、この点をさらに詳細に報じている。ロシアが精兵をアジアの西部に配置して、アフガニスタンからインドに侵攻しようとしたが、イギリスに先手を打たれてアフガニスタンは滅ぼされた。これによりインドに侵攻する企図をイギリスに抑えつけられたロシアは、その矛先を他の国との戦争に向ける。このことは「魯政府ガ一日モコレヲ懐ニ忘レサル所」なのである。この記事が示唆するイギリスとアフガニスタンの関係とは、いわゆる明治一一年に始まった第二次アフガン戦争を指している。この戦争により明治一三年にアフガニスタンはイギリスの保護国となる(181)。

おそらく『西海新聞』の読者は、日本と清国の国境問題である琉球問題が清国とロシアのそれであったイリ問題と関係し、さらにロシアとイギリスの中央アジアをめぐるそれとも連関している、と捉えたであろう。この点を踏まえたうえで琉球問題をさらに見ていくことにしよう。

琉球問題と宮古島・八重山島

明治政府は、琉球問題を利用して清国における日本の権益の拡大を企図する。琉球列島の宮古島と八重山島を清国に譲渡する代わりに日本人の清国における内地通商権の獲得を目指す。この交渉をこれまで見てきたイリ問題との関連に留意して考察する。

外務卿の井上馨《いのうえかおる》は、明治一三年(一八八〇)三月九日、清国駐在の全権公使宍戸璣に「内訓条」を送付した。井上は次のように指示した。清国から西洋人が得ている権限と日本のそれとには相違がある。日本はヨーロッパの国々に清国が認めている最恵国待遇と内地通商権の獲得が必要である。清国がこの要求を承認するならば日本政府は宮古島と八重山島の二島を清国の所属とし、両国の「界域」を画定して国境についての紛争(「疆場ノ紛紜」)を永遠に無くする。一方、琉球全体のほとんど半分を占める宮古島と八重山島を清国に譲渡するのは日本にとって「至難」のことである。井上は、このように清国はこれらを受け取ってヨーロッパの国々に認めている権利を日本にも承認するだけである。井上は、このように「内訓条」を書き送って宍戸にその交渉を指示した[182]。

この交渉は、明治一三年一〇月二一日に妥結した。宍戸は、この交渉の結果を、一〇月二二日、井上外務卿に送付している。調印される予定の条約文の「球案専条」には、「宮古八重山二島」が清国の管轄になる、と記されている。一方で、日本は「内地通商ノ件」を獲得することになる[183]。

しかし、この条約の調印は南北洋通商大臣の意見が皇帝に上奏されるまでの間、延期されることになった。交渉が妥結したときには、調印は一〇日ほどで行なわれるであろう、と清国側はその見通しを示していた。しかし、清国は、一一月一七日、「琉球一案」が検討中であることを宍戸に伝えてきた。[184]

井上外務卿は、この報告を明治一三年一一月二八日の夜に受け取り、一一月三〇日、宍戸に新しい訓令を出している。その訓令の中で、井上は、清国が何か異議を提起しようとしているのか、それとも故意に引き延ばして、「清魯葛藤ノ了局ヲ待タントスルノ詐謀アルカモ未タ料ルヘカラス」と、清国がロシアとの「葛藤」が終わるのを待っているのではないか、との疑念を示しつつ調印を促すように指示した。この「葛藤」とはイリ問題を指している。[185]

天津領事竹添進一郎の報告にみる琉球問題

イリ問題と琉球の宮古島・八重山島の問題が関連づけて捉えられていた点についてさらに考察を加える。天津領事の竹添進一郎《たけぞえしんいちろう》の報告を三つ取りあげる。

第一は、明治一三年(一八八〇)一二月八日付の井上外務卿宛の竹添の報告である。竹添は記す。清国は、もしもロシアと戦争になれば琉球の宮古島と八重山島を日本から獲得してもロシアに取られてしまう、と考えて日本との交渉を引き延ばしてきたのである。清国は、ロシアとイリ問題で締結した「崇厚ノ訂約」(リワディア条約)を改訂しようとしており、ロシアがそれを受け入れなければ「戦端ヲ開クヘシトノ覚悟」である。

竹添は、イリ問題による清国とロシアの開戦の可能性を示唆したうえで、そのときの日本の対応として局外中立か、琉球のことで変節したことを責めて「清ト開戦スル歟」の決定は極めて重要である、と書き送っている。[186]

第二は、竹添が、明治一四年一月二七日、井上馨外務卿に送った報告である。彼は言う。ロシアは財政のこともあり戦争を回避したので清国との紛争は収まった。その一方で清国の李鴻章がドイツに軍艦を注文し軍事力の増強を企図している。清国はロシアとの対立(「魯国トノ葛藤」)が無くなり、そして軍備が増強できたら日本に「抗敵」するのは必然である。そのような場合には「琉球一案」で良い結果は得られないだろう。このように彼は、ドイツからの軍艦の獲得とイリ問題の解決は、琉球問題の解決の障害になる、と主張した。(187)

第二は、竹添が、明治一四年六月二七日、伊藤博文《いとうひろぶみ》参議と井上馨参議に提出した報告である。彼は、「琉球一案」が現時点では「泣キ寝入リ」の状況にある、と歎く。そして清国が「海防ノ用意」のために時間を稼いでいて、それができたら「琉球一案」の談判を再開して琉球国を復活させること(「復封一件」)を強く求めてくるかもしれない、と示唆する。また、この報告の冒頭には清国の武官が日本との開戦を主張して、この八月には軍隊を二つに分けて、一つは「琉球ニ進航シ」、もう一つは「陸路、朝鮮ヨリ日本ヲ攻撃スヘシ」と発言した、と記されている。彼はこの話を「馬鹿々々」しい、と評しながらも砲台を大連に増築し、北京に屯田兵を新設するなど兵備を整えている、とこれに呼応する動きがあることも記している。(188)

以上、天津領事の竹添進一郎が、明治一三年末から明治一四年前半に提出した報告を取りあげて、琉球の問題がどのようにイリ問題と関連づけて論じられていたのかを見てきた。このように琉球問題は清国とロシアのイリ問題と関係がある、と捉えられていたのである。(189)

イリ問題と琉球問題と朝鮮問題

イリ問題と琉球問題は関連づけて捉えられていた。さらに、これらの問題は朝鮮問題とも関連して捉えられていた。海軍卿の榎本武揚《えのもとたけあき》が、明治一三年(一八八〇)七月一日、茨木県令の人見寧《ひとみやすし》に送った書翰を示す。榎本は、「清魯一件」すなわちイリ問題は噂されているほど切迫していないが、清国もロシアも戦争の準備については怠りなく、ロシアは一五隻もの軍艦を配備し、清国はイギリスとフランスから二人の武官を雇い入れ、さらには三〇〇万テールの資金でヨーロッパから武器を購入しようとしている。これらはロシア公使からの情報である。

さらにロシアが艦隊を増強させていることについて、イギリスの将官などは清国の「属国」である朝鮮の「徳源湾」〈ポートラザレフ〈元山湾〉〉を「占奪」しようという企図がロシアにあるからだ、と主張している。日本の内閣の中にも同様の説を唱える者がいるが、榎本武揚は同意できないでいた。しかし、ロシアがそのような兆候を見せた場合には、日本はただちに軍艦を派遣して「徳源湾」の大半を抑える必要がある、と彼は考えた。そのうえで、彼は、「清魯一件」の一方の当事者である清国との「琉球事一件」は大きな進展もなく、急を要する事態にはなっていない、と書き送っている。

榎本武揚は、イリ問題の進展を朝鮮問題と琉球問題と関連づけて人見にこのように詳細に報じた(190)。

5　明治一〇年代後半の南西諸島

大東諸島の調査

明治政府は、明治一〇年代の後半に南西諸島の領有に乗り出す。次に、この問題を大東《だいとう》諸島と尖閣《せんかく》諸島の順に考察する。これらの島々の領有の過程を示したうえで、なぜ明治政府が、明治一〇年代の後半にそれらの島々の領有を志向したのかを考える。

沖縄県五等属の石澤兵吾は、明治一八年（一八八五）九月二日、「巡視取調概略」を沖縄県令西村捨三《にしむらすてぞう》に提出し、大《だい》東島《とうじま》の実地調査について報告した。この「巡視取調概略」に基づいて石澤の大東島の調査を示す(191)。石澤は、久留彦八（沖縄県十等属）・神尾直敏（警部補）らとともに、八月二一日、「大東島出張実地視察」の指示を受けた。彼らは、八月二八日、出雲丸で那覇を出発して八月二九日に大東島に到着し、八月三一日に同島を出航して九月一日に那覇に戻ってきた。彼らが南大東島の「北岸」に上陸したのは八月二九日の午後一時頃だった。南大東島は樹木に覆《おお》われ調査は困難を極めた。彼らは全島が見わたせる「高岳」に登ったあと、島のほぼ四分の一程度を踏査した。

彼らは「国標」と大東島の南島と北島に航路を開いたことを示す「標」を立てた。南大東島に立てられた「国標」には「東西凡二里南北凡五里」「明治十八年八月廿九日建之」「沖縄県管轄大東島」「距本庁大凡百里沖縄県」「奉命実地踏査者」(六人)と記された。一方、航路についての「標」には、「明治十八年八月廿九日」「奉大日本帝国沖縄県之命東京共同運輸会社出雲丸創開汽船航路」「船長林鶴松建之」と記された。

石澤は、西村捨三沖縄県令に大東島の状況を「巡視取調概略」で次のように説明している。南大東島と北大東島の海岸は屹立《きつりつ》していて「最も不便ノ島嶼」である。気候は沖縄県と同様であり、物産としては「コバ」樹がある。将来は、甘蔗《かんしょ》(サトウキビ)など熱帯地方で適する作物を産することができるので、蕃薯《ばんしょ》(サツマイモ)を常食とする人の移住が容易に行なえる。しかし、海岸が切り立っていて港湾の無いのが難点である。また、沿海には鱶鮪《ふかまぐろ》など沖縄の海域と同様の魚が豊富であるが海岸が険阻なので、現段階にあっては漁業を営むことは困難である。このように石澤は報告した。(192)

この「巡視取調概略」によると、大東島の調査は順調だったような印象を受ける。しかし、共同運輸会社汽船出雲丸の船長の林鶴松が会社に提出した報告によれば、持参していたイギリスなどの海図は不正確で位置を特定するのが困難だっただけでなく、彼が入手していた両島の情報は間違っていて、接岸の場所も実地に探さなければいけない状況だった。(193) 南大東島と北大東島の情報は、この明治一八年八月の調査によって正確になっていった。

この調査を受けて西村沖縄県令は、明治一八年九月三日、内務卿の山県有朋《やまがたありとも》に「大東島巡視済ノ儀ニ付上申」を提出して大東島を沖縄県の管轄に組み込んだことを示す「国標」の設置の実施について報告した[194]。

尖閣諸島の調査

次に、尖閣諸島について考察する。沖縄県令西村捨三は、明治一八年(一八八五)九月二二日、「久米赤島外二島取調之儀ニ付上申」を内務卿の山県有朋に提出した。この「取調」の契機になったのは、政府が在京していた沖縄県の森長義大書記官への内命で、沖縄県と清国の福州の間に散在する無人島の調査を指示したことだった[195]。

西村のこの上申を示す。久米《くめ》赤島《あかしま》(大正島《たいしょうとう》)・久場島《くばしま》・魚釣島《うおつりしま》は古来から沖縄で使われてきた名称であり沖縄県が所轄する久米島・宮古島・八重山島などの群島に近接している無人島なので、沖縄県の所属にしても問題ないが、すでに「取調」を提出した大東島とは状況が異なる。久米赤島・久場島・魚釣島は、『中山伝信録』に掲載されている「釣魚台」「黄尾嶼」「赤尾嶼」と同一である可能性がある。もしそうであれば、琉球国の旧中山王が「冊封」する清国の「使船」に詳細に伝えていて、それぞれの島に名称を付して「琉球航海ノ目標」にしているだろう。それゆえ、大東島と同様に、それらの島々の踏査のときに「国標」を建設するのは懸念される。まずは、翌月の一〇月中旬にこれらの島々を調査する出雲丸が戻ってから「国標」の設置について政府に照会する。

ここで西村が参照していた『中山伝信録』について確認する。これは享保四年(一七一九)に琉球国に派遣された冊封副使の徐葆光の記した報告書である。この『中山伝信録』は、琉球の地理・官制・言語など「使録」の中でも詳細で最も正確なものの一つと評されている[196]。

西村の報告書を受けて明治政府で行なわれた尖閣諸島の領有についての審議を示す。内務卿の山県有朋は、明治一八年一〇月九日、外務卿の井上馨に県令の西村の上申とこれから太政官に出す予定の「上申」案を示して意見を求めた。この太政官への「上申」案は、久米赤島・久場島・魚釣島が『中山伝信録』に記載されている「島嶼」(大小の島々)と同一であったとしても、それは琉球に至るまでの針路のために記載されているのであって「清国所属」の「証跡」(証拠)にはならない、と評している。そして、三つの島の日本における名称と『中山伝信録』のそれは異っており、沖縄県が所轄している宮古島や八重山島などに近接している無人島として調査して「国標」を設置するのは問題ない、と記されている。

この「上申」案について外務卿の井上は、一〇月二一日、山県内務卿に次のように意見を送付した。久米赤島・久場島・魚釣島は清国との国境に接近していて、先に調査した南大東島・北大東島と比較すると小さく、また清国も島名を付している島々である。さらに最近の清国の新聞は、日本政府が台湾に近い清国の島嶼の占拠を企図している、という風説を掲載して猜疑《さいぎ》するとともに清国政府に注意を促している。このような状況なのに、日本が公然と「国標」を建設すれば「清国之疑惑」を惹起するので、当面は実地の踏査によって港湾の形状、さらには土地や物産の開拓の見込みを報告させるのに止めて、「国標」の設置や開拓の着手は「他日之機会」に譲るべきである。また、先に調査した南大東島・北大東島とこれから実施する島々の調査については、官報や新聞には掲載しない方がよいであろう。[197]

この久米赤島・久場島・魚釣島(尖閣諸島)に「国標」を建設するか否かの結末を示す前に、沖縄県五等属石澤兵吾によって行なわれた調査を考察する。

魚釣島・久場島・久米赤島の調査

沖縄県令の西村捨三は、明治一八年(一八八五)一一月二四日、内務卿の山県有朋にこれらの島々についての調査の報告書と上申書を提出した。西村は上申書でこれらの「無人島」の「国標建設」は清国との関係で不都合が生じるかもしれない、と危惧を表明したうえで指示を求めた[198]。これに添付された報告書は、一一月四日、沖縄県五等属石澤兵吾が提出したものだった。

報告書を示す。石澤は、明治一八年一〇月二二日、出雲丸で沖縄を出発して、魚釣島・久場島・久米赤島の三島を調査して一一月一日に戻り、一一月四日、沖縄県の森長義大書記官に「魚釣島外二島巡視取調概略」を提出した。

石澤は出雲丸で、一〇月三〇日、魚釣島に到着し、調査に着手した。この島の周囲は三里にも及ばず、内部には巨大な岩石があり「コバ」樹が多かった。彼は樹木について「大東島ノ如ク」と表現している。彼は観察によれば、この島は農業と漁業には適さないものの鉱物資源が豊かな可能性があり、もしそうであれば「貴重ノ島嶼」になる、と推定している。さらに彼は、イギリスの海図と対照して魚釣島を「Hoa pin su」(ホアピンシユ)、久場島は「Sia u su」(シアユシユ)、久米赤島は「Raleigh Rock」(ラレーロック)と認定している。

次に石澤が向かったのは久場島である。彼は久場島の近海までは行ったものの上陸できなかった。久米赤島に至っては、それを確認することもできなかった。さらに、「海軍水路局第一七号の海図」によれば、宮古島の南方、およそ二〇海里の場所に「イキマ島」がありさらに八重山の島民によれば波照間島の南方に「南波照間島」と称される島があると推定されていたが、それも調査できなかった[199]。

内務卿の山県有朋はこの報告書を踏まえて、明治一八年一二月五日、太政大臣の三条実美に、魚釣島・久場島・久米赤島への対応について次のように上申した。沖縄県と清国の福州との間にある「魚釣島外二島踏査」について沖縄県から報告があり、それについて外務卿の井上馨と協議した結果、それらの無人島の「国標」の建設は清国との関係から問題(「彼是都合も有之」)もあるので、目下のところは見合わせるように沖縄県に指示した[200]。

山形と井上は同日の一二月五日、「国標」について「目下建設ヲ要セサル」と沖縄県に通知している。[201] このような状況が変化するのは、明治二六年一一月のことである。沖縄県知事の奈良原繁《ならはらしげる》は、一一月二日、内務大臣の井上馨と外務大臣の陸奥宗光《むつむねみつ》に久場島・魚釣島が沖縄県の所轄であるという「目標」の建設の許可を求めた。奈良原は、明治一八年一二月五日の裁定を踏まえながらも、近年はこれらの島々で漁業などを試みようとする日本人がおり、その取締りの点からも「目標」の建設が必要である、と上申の理由を述べている。この案件は閣議にかけられ、明治二八年一月二一日、閣議決定された。[202]

大東諸島と尖閣諸島への志向

明治一〇年代の後半に沖縄県が大東諸島・尖閣諸島の調査を実施し、日本の領土として「国標取建」などが企図された。その動きは、断続的ながらも明治二六年まで続いた。次に考えたいのは、なぜこの時期、すなわち明治一〇年代後半に、大東諸島や尖閣諸島の調査が行なわれたのか、という点である。[203] ここで取りあげたいのは、内務卿の山県有朋が、明治一八年(一八八五)四月三〇日、井上馨外務卿に出した書翰である。山県は、太政大臣の三条実美より清国から帰国した井上馨に面会するように指示され、横浜に迎えに行く予定であったが、手違いがあり会えなかった。そこで山県は井上に書翰を送った。山県は事前に三条から「球琉諸島江書記官派遣之儀」についての指示を受けていた(「球琉」は「琉球」の誤記であると思われる)。そこで彼は、西村沖縄県令に事情を説明して、井上馨の指示を得たうえで書記官をすぐに「琉球諸島」に派遣するように指示したことを井上に伝えた。そして、山県は「萬一、露英破断開戦ニ相成節ハ長崎其他江も数人派遣相成可申」と書き記している。すなわち、山県はロシアとイギリスが開戦したら「琉球諸島」だけでなく長崎などにも人を派遣する必要がある、と考えていたのである。さらに西村沖縄県令が「琉球諸島」に数艘の軍艦を時々巡航させなければ、その地域の情勢は分からない、と上申しているのも、この状況を考えてのことだ、と記している(204)。以上が山県の書翰の内容である。人を派遣する地域については「球琉《（ママ）》諸島」と記されているが、それには「八重山」とルビが振られており、その中心が「八重山」だったことを付記しておきたい。「琉球諸島」は、このときイギリスとロシアの戦争に巻き込まれる状況だったようである。そして、このような状況が大東諸島と尖閣諸島の調査を必要にさせたのである。沖縄県令の西村捨三もそのことを十分に理解していた。この点を考察する。西村は、明治一八年一二月一〇日、山県有朋内務卿と松方正義《まつかたまさよし》大蔵卿に沖縄県が雇用していた汽船への財政支援の継続を求める「沖縄県航行汽船ノ儀具申」を提出して、次のように述べた。明治一八年八月一日に政府の支援で汽船の傭船の継続の決定がなされたが、今回、それが中止されることになった。この五月に「英露関係」についての通達もあり沖縄県内の各島を汽船が巡視し、八重山所轄内の「入表《（西表島）》」と「与那国」に新しく八重山役所の「派出所」を設置して官吏や巡査を常駐させた。西村は、このように西表島と与那国島の現状を述べて、これらの地域の発展の基盤となる航路の補助の継続を訴えた。これに加えて、西村はその必要な理由として「東洋多事ノ今日御国務上ニ於テモ不相済」と述べている(205)。

この上申は承認され航路の補助が継続される。ここで着目したのは、「東洋多事」という点である。この「東洋多事」が、おそらく明治一八年年四月に山県が「英露破談開戦」と井上に書き送った状況を示唆している。これはイギリスによる巨文島《きょぶんとう》占拠事件を指している。巨文島占拠事件とは、イギリスが、朝鮮の巨文島(Port Hamilton)を一八八五年四月に、自国と清国および日本との貿易の保護を名目に占拠した事件である。イギリスによる巨文島の占拠は二年間にも及んだ。

巨文島占拠事件の報道

このイギリスによる巨文島の占拠が、どのようにイギリスとロシアの対立、さらにはそれが開戦を惹起すると日本で捉えられていたのかを考える。長崎で出されていた『鎮西日報』を取りあげる。『鎮西日報』は、明治一八年(一八八五)四月二六日付で上海と香港から前日に届いた電報として「英露事情切迫」と題する見出しを付して、「英露の戦争は避くべからざる形勢に迫れり」とし、さらにフランスがロシアに味方するであろうことやイギリスが派兵の許可を議会に求めたことを記し、ウラジオストックの港口にロシアが水雷を設置した、とも報じている。(206) これについては「浦潮斯徳港の戒厳」と題する記事を『鎮西日報』(四月二六日付)は別に掲載して、イギリスとロシアが海戦になった場合にロシアは攻撃ではなく、ウラジオストックの防御を想定して水雷を設置した、と報じている。

さらに『鎮西日報』は、明治一八年五月一日付の「英露の関係朝鮮に波及す」と題する記事で、この問題が日本に及ぼす影響を説明する。イギリスの巨文島の占拠に対抗してロシアが済州島《さいしゅうとう》を占領する、という噂がある。イギリスとロシアが戦争をした場合、日本が局外中立を維持することは、清国とフランスの戦争(一八八四年の清仏戦争)でそれを維持するのと比較できないほど困難である、と示唆する。なぜなら、日本が局外中立を宣言したとしてもロシアが日本の港湾で軍艦を修理するのを止めさせられないからである。それゆえ紛争に備えて、日本の辺境の海域を守る必要がある。(207)

このように、英露対立により一挙に日本海での軍事紛争が発生する、と捉えられるようになっていた。明治政府の大東諸島と尖閣諸島の領有への志向は、イギリスによる巨文島の占拠による英露対立の日本海地域への波及に促されたものだった。

第5章 小笠原島の編入と「竹島」（ウルルン島）の開発——明治時代初期の東と西

1 環太平洋海域における小笠原島

明治政府の小笠原島占領

小笠原島の日本への編入を取りあげる。環太平洋における小笠原島の特異な位置づけに留意して、小笠原島の併合を跡付ける。

京都の医師で新橋から横浜までの鉄道の施設を建議したことで著名な谷暘卿《たにようけい》が、明治二年（一八六九）一〇月、小笠原島の開拓を明治政府に建言した。(208) 彼は言う。世界の形勢は変化し「強ハ弱ヲ併セ」、「大ハ小ヲ呑ミ」、世界の国々はひたすら「版図ヲ拡弘」する時代になった。このことは「北地之事」を見ても分かる。「皇国版図」の中にある有用の地（小笠原島）を空しく他人に与えられない。(209) 彼は、このように述べてその開拓の必要性を提起し、井口直助（東京深川新田住人）と真一郎（下総銚子住人）の二人を、明治三年一月二五日、小笠原島に派遣した。この井口直助は幕府の小笠原島開拓のときに派遣された人物で、二年あまりの在島経験があった。彼らは、一月二七日に父島に到着し、二月一日からは母島を巡視して、二月一六日、横浜に戻っている。小笠原島は、幕府が開拓したときより五軒も家が増加していて、三六軒になっていた。人口は九〇人ほどで、国籍は、ロシア・イギリス・アメリカ・フランス・イタリアなどであった[210]。

谷暘卿は、この二人の調査を民部省に提出し、多くの日本人を小笠原島に移住させて開墾事業を推進するように求めた[211]。この報告を受けた民部省は、明治三年六月一〇日、外務省に小笠原島の外国人たちがそれぞれの国の戸籍を有している者なのか、それとも漂流した者たちで国籍なども不明確なのかを照会した。この中で民部省は、小笠原島は「皇国の版図」であるが、いわゆる「無人嶋」であり一人の日本人(「皇国人」)も住んではおらず、いろいろな国の人が雑居している。そこに、突然、日本人が開拓を始めたら問題が生じるのではないか、と懸念を表明した[212]。

一方、外務省は、六月二三日、弁官に小笠原島の処置について上申した。小笠原島が「皇国の版図」なのは間違いないが、「南洋懸隔の孤島」で往来が困難である。また、小笠原島の産物によってそれを開拓するのは困難である。幕府もいく度か試みたがその開拓に成功せず「中廃」した。一方、小笠原島は「航路枢要」の地であり早期に何らかの対策を講じるべき場所である。明治政府がそれを実施したのでは莫大な損失が生じるだけでなく「実効」にも乏しく、幕府と同様になってしまう。それゆえ「西南諸藩」に管轄させるべきである。小笠原島は、「伊豆七島に属し」ているので「韮山県」による管轄が妥当だが、「韮山県」だけでは対応できないので、いくつかの藩によって管轄させる、と上申した[213]。

しかし、明治政府は経費をかけずに小笠原島を開拓する有効な方策を見出せなかったようである。この膠着した状況に変化を与えたのはイギリス公使パークスである。

パークスと小笠原島

小笠原島の帰属が、明治政府の喫緊の外交問題になったのは、明治六年（一八七三）五月一三日のことである。外務少輔の上野景範《うえのかげのり》とイギリス公使のパークスは、この日、外務省で小笠原島の帰属問題について話し合った。パークスは、日本がすでに小笠原島を放棄した、と捉えていた。その根拠として彼は、幕府がかつて小笠原島に幕吏を派遣したが、すぐに撤退したことをあげた。さらに、現在、小笠原島に居住しているのは、およそ二〇人のイギリス人と二〇人のアメリカ人であると指摘した。一方、上野は小笠原島が「我属島」であるが「管轄」も定まらず「布令」も行き届いていない、と実効支配の及んでいないことを認めている。[214]

外務卿の副島種臣《そえじまたねおみ》は、明治六年八月一四日、太政大臣の三条実美《さんじょうさねとみ》に「小笠原島の義に付上陳」を提出して、小笠原への政策について上申した。彼は主張する。小笠原島の「開植の事」はしばらく実施せず、軍艦を一年に一度ないしは二度ほど差し向ける。さらに役所を設置して海軍省と外務省の職員を居留させて、島民の「扶助」と「取締り」を行ない、関税の手続きを担わせる。このように施策して、少しずつ移住や開拓を奨励する。[215]

さらに次の外務卿に就任した寺島宗則《てらじまむねのり》は、明治六年一二月九日、右大臣の岩倉具視《いわくらともみ》に所属が判然としない小笠原島に多くの外国人を居住させておくのは不都合であり、イギリス公使のパークスがその所属について言及している、と上申した。[216]

岩倉は、これを受けて一二月二三日、外務省に次のような指示を出した。小笠原島は、元来、「御国版図」であるが、明治維新の後、施策が行なわれてこなかった。まず島民の「撫恤」と土地の取締りを行ない、戦艦の往来の規則を定め、植民と開発を実施する。彼は、このように指示したうえで、大蔵省ならびに海軍省と協議して「着手ノ順次」を上申するように命じた。明治政府は、ようやく小笠原島に対する政策方針の策定に着手した。[217]外務省は、明治七年五月一二日、「小笠原島着手方略四省合議案」を作成して、内務省に示している。その核心は、「島民撫恤」「土地取締」「船艦往来の規則」の制定である。この「合議案」には、小笠原島の「島規則」案と「港規則」案も添付されている(218)。

このようにして小笠原島への政策が進展するかのように思われた。しかし、それは台湾出兵によって途絶してしまう。明治政府の小笠原島政策は、台湾出兵の終了ののち内務卿の大久保利通《おおくぼとしみち》の発議によって再び動き出す。大久保は、明治八年三月一八日、寺島宗則外務卿・大隈重信《おおくましげのぶ》大蔵卿・勝安芳《かつやすよし》海軍卿に先の明治七年の「合意書」に基づいて小笠原島の政策に着手することを求めた。

まず大蔵省の意見である。小笠原島が「本邦属嶋」なのは明瞭とはいえず、イギリス公使などからその帰属についての照会もあった。日本がこれまで数十年もの間、小笠原島を放擲《ほうてき》してきたことがその原因である。これまでの日本の小笠原島への対応は「支那ノ台湾ニ於ルガ如キ形勢」である。江戸幕府が文久期に小笠原島の開墾に着手したときに、そのことをイギリス公使やアメリカ公使に通達し、それに疑義が唱えられた。それから数十年もの間、官吏さえも配置せず今になって「伊豆七嶋其外測量」を名目に軍艦を小笠原島に派遣して開墾に着手することは問題である。各国の公使たちに公明正大に小笠原島への政策の実施を告知すべきである。大蔵省はこのように主張した(219)。

外務卿の寺島はこの大蔵省の意見に反論する。彼は、四月一九日、大蔵省と同様に台湾の事例をあげて、清国が台湾に施策を行なうのに外国の公使たちがそれを非難する道理など無いのであり、日本の小笠原島への施策も同様に外国の公使に相談する必要などない、と明言した(220)。

しかし、大蔵省はこの外務省の説明に納得しなかった。大蔵省は外務省の意見への反論を、五月五日、内務省に示した。その反論の核心は二点である。第一に、小笠原島への施策の着手を外国の公使に相談するのではなく単に告知するのが、大蔵省の考えである、と反論した。第二は、小笠原島の領有の実態である。大蔵省も小笠原島は日本の領土である、と捉えていた。しかし、大蔵省は、数年間にわたって何の施策も行なわなかったので、小笠原島は日本の所属という「名」、すなわち名目はあってもその「実」、すなわち実態が無いに等しいのであり、清国の台湾に対する処置と同様であり、日本が清国と台湾の領有権を争ったのも、その支配に「名」はあっても「実」が無かったからである、と説明した。このように大蔵省は、再び台湾に対する清国の支配の事例をあげて、自らの意見を示した。主幹している内務卿の大久保は、外務省と大蔵省の意見を、六月一三日、正院に上申した。太政大臣の三条実美は、小笠原島への施策の前に各国の公使にそれを知らせたうえで、実施することに決した(221)。

外務卿の寺島宗則は、八月二三日、外務省でパークスに会い、時期は未定であるが小笠原島に汽船を派遣して調査し、官吏を在留させる可能性を示唆した(222)。パークスは、一一月五日の寺島との会談で、小笠原島への汽船の派遣の時期を照会した後、今回の施策により小笠原島は日本の「属地」になるのか、と問い質した。寺島は「然リ」と答えた。パークスは、どのような根拠があって小笠原島が日本の「属地」である、と主張するのかを質した。寺島は、これまでの経緯と「近島ノ儀」なので日本が管轄する島なのだ、と回答した。パークスは、「近島」は管轄の根拠にはならず、もしそれが管轄の根拠になるのなら「琉球島」は「支那ノ属地」である、と主張した。寺島が官吏を十数年前に派遣したことを根拠にあげると、パークスはイギリス、アメリカ、ロシアも派遣したことがある、と指摘するなど、明確に小笠原島が日本領である根拠を示すことは困難だった(223)。

明治政府は、パークスに小笠原島が日本領である、という根拠を示せなかったが、明治八年一一月、田辺太一(外務省四等出仕)・林正明(租税権助)・根津勢吉(海軍大尉)・小花作助(地理寮七等出仕)らを小笠原島に派遣した(224)。彼らは詳細な調書を作成して政府に提出した。この調書によって小笠原島の現状を把握した明治政府は、小笠原島統治のための諸規則を作成し、「小笠原島取締規則」の受領を各国公使に求めて、調整を行なった。

小笠原島と千島列島

小笠原島は、明治政府の政策により、日本の国家領域内に編成されるが、そこは環太平洋におけるラッコやオットセイなどの毛皮の密漁者たちの中継地になっていった。多くの密猟者が、イギリス領カナダのバンクーバーやビクトリアさらにはアメリカのサンフランシスコなどからハワイと小笠原島の二見《ふたみ》港、そして横浜を経由して千島列島・カムチャッカ半島・アリューシャン列島などで毛皮獣の密猟を行なっていた。密猟者たちは、通常、三月下旬頃小笠原島を出港するが、銃手などで小笠原島の「外国」出身者を雇用し、さらに船員が不足している場合には横浜で日本人を雇って千島列島に出猟していった(225)。

この外国の密猟船には、多くの場合、海軍退役の水夫などが雇用されていた。千島列島における密猟の担い手の多くは日本人だった。「国境」を蹂躙《じゅうりん》して毛皮資源を乱獲する行為を日本人自らが行なっていた。この密猟を阻止し、海軍の退役水夫らが外国の密猟船に雇用されるのを止めさせるために海軍予備役の郡司成忠《ぐんじしげただ》という人物が、報效義会という組織を立ち上げて明治二六年(一八九三)三月に千島列島に向かっている。

小笠原島は、「国境」の画定によって領土内に編入されていくものの、千島列島で密猟を行なう外国人の拠点となり、「国境」を揺るがす彼らを支える役割を担うのである。

2　修好条規と国境の変容

「松竹舎」の活動と「竹島」（ウルルン島）の開拓問題

幕末における日露の国境問題にあって千島列島のウルップ島を放棄する、という議論の先例は「竹島」（ウルルン島）の放棄に求められていた。この「竹島」（ウルルン島）に与えられていた位置づけは明治初期に変化する。この点を考察する。

長崎で出されていた『西海新聞』の明治一二年（一八七九）九月二四日付の記事を示す。この記事は、長崎県の士族を中心とした「松島」（ウルルン島）の開拓を報じたものである。通常、「松島」は現在の竹島で、「竹島」は現在のウルルン島を指すとされているが、ここでの「松島」はウルルン島を指している。

「松島日記」（九月二四日付）は次のように報じる。長崎県の士族を中心とした数名の有志が、長崎区西古川町の三ツ井屋に「松島」（ウルルン島）の開拓を企図して「松竹舎」という事務所を設立した。「松竹舎」は長崎県庁にその開拓が認められた。これを受けて「松竹舎」の下村輪八郎と小幡信義の二人は、内務省から開拓の許可を得るために、明治一二年九月一九日、長崎港を東京丸で出発した。

この「松竹舎」の下村輪八郎と下村義著（長崎県士族）・吉田孝治（山口県士族）が「松島」（ウルルン島）の開拓を長崎県に出願するまでの経緯を『西海新聞』に掲載された日誌から考察する。下村輪八郎は、明治一一年四月、ウラジオストックに商用で渡航するために長崎港にやって来た。そこでウラジオストックの貿易事務官の瀬脇寿人と会談した。そして、下村は瀬脇から「松島」（この時点ではまだ島の詳細な情報を得ていなかった）の開拓を勧められた。瀬脇は四月一五日に「久利伊留号」で、下村輪八郎は、六月四日にイギリス船で長崎を出発してウラジオストックに向かった。下村は、対馬を通過したのち、「松島」(ウルルン島)の南方の五町ないしは六町ほどのところを通過して「大ニ巨木繁茂の状を目撃」し、六月九日にウラジオストックに到着した。彼は、翌日の六月一〇日、ウラジオストックで瀬脇に面会して「松島の概況」を述べた。瀬脇は下村にウラジオストックでレンガ製造業をしていた斉藤七郎兵衛(千葉県佐倉田町)を紹介して、「松島」(ウルルン島)の開拓を二人で協議して実施するように指示した。下村と斉藤は、それから二カ月ほど経った八月一五日、瀬脇に「松島」(ウルルン島)の「開拓願」を提出した。その「開拓願」には次のように記されている。かつて斉藤が、明治九年一二月に「松島」(ウルルン島)の開拓について建言したもののそれは許可されなかった。その後、下村はウラジオストックへの航海の途中で「松島」(ウルルン島)を目撃し、「巨木繁茂シ」かつ「漁猟ノ益」もあるように見受けられたのでこの島の「探偵」のために「帆廻船」をチャーターする契約を結んだ。「開拓願」は、このようにこれまでの経緯を記したうえで、この船で調査を実施し「開拓」に着手する許可を求める、と上申した。下村と斉藤は、これが実現できれば「松島」(ウルルン島)が「皇国ノ属領タル事モ相顕レ」かつ「御国益」にもなる、と主張した。[226]

彼らは調査のための船を用意したが、北海道の開拓使の「御用船」が八月二〇日頃にウラジオストックに入港することを聞いて、この「御用船」に「松島」(ウルルン島)の調査を依頼することにした。

しかし「開拓願」の出願者の一人であった下村輪八郎の母親が大病を患ったために、彼は急遽、帰国することになり、八月二一日にウラジオストックを出発して、長崎に八月二四日に戻った。その後、下村は高来郡の西村から長崎に転居した。彼はここで瀬脇寿人の死亡(明治一一年一二月)の知らせを聞き落胆したが、斉藤との約束があったので、明治一二年の四月初旬に長崎を出発してウラジオストックに向かうことを斉藤に伝えた。

その後、下村の友人の吉田孝治(山口県平民)も加わって、明治一二年五月一一日、下村の家で「国家の美事」である「松島」(ウルルン島)の開拓について話し合った。下村輪八郎・下村義著・吉田孝治は、やはり開拓に着手すべきである、と考えて「有志」を募ることを決した。[227]

「松島」(ウルルン島)到着

三人は、明治一二年(一八七九)六月一〇日、ウラジオストックに向かう「久利伊留号」で「松島」(ウルルン島)に向かい、六月一一日に到着した。船長が日章旗を掲げて銃を一発撃った。そして三人とイギリス人の水夫長が上陸しようとした。そこには漂流したと思われる数人の朝鮮の漁民が手を東北の方向に向けて「ボーイ」と呼んでいた。しかし、波が高く着岸できなかったので北東の方向に船を進めると少湾があり、そこに上陸した。[228]

碇泊は一日の予定だったが、船長と交渉して出発を延期し、翌日の六月一二日の朝も上陸した。上陸すると朝鮮の人たちが鮑《あわび》を食べていた。また二枚の莚《むしろ》には「薬餌」のようなものが干してあり種類も多く薬なのだろう、と予想して持ち帰った。日本での鑑定によれば、それは朝鮮人参だった。また、島には木の「根株」が無数にあったが、それらは数年前から行なわれていた盗伐の痕跡であった。さらに山頂の方には「奇樹」「喬木」などがあることが分かったが、出発の時刻と山中では生い茂った樹木で迷ってしまうので、船に戻った。彼らが船に戻ってみると水夫たちがたくさんの鮑を拾っていた。また、ナマコやイカなどの海産物が豊富なのも分かった。「松島」(ウルルン島)の北東の地域には「碁布」のように小島が散在する場所があり、埠頭として使えることも分かった。そこで、再来時の目印として「大日本松島」と記した標柱を建てた。[229]

彼らは、明治一二年六月一四日、ウラジオストックに到着し、翌日の六月一五日に「松島実検」の状況を貿易事務官の寺見機一らに話した。寺見たちは彼らに起業を奨励し「該島《(松島)》開拓ノ義ハ国家ノ美事有志ノ責任」なりと述べ、日記などがあれば提出するように求めた。下村らは日記の草案を提出している。彼らは、七月一二日、寺見から、榎本《えのもと》武揚《たけあき》に面会して「松島開拓」について詳述するよう指示されるとともに、榎本宛の書翰を託され、翌日の七月一三日、ウラジオストックを出発し、函館を経由して七月二四日に長崎に戻った(230)。

「松島」(ウルルン島)の「開拓」は、明治一一年に長崎で結成された下村輪八郎らの「松竹舎」よって計画された事業だった。次に取りあげたいのは、当初、彼らの活動を支援していたウラジオストックの貿易事務官の瀬脇寿人である。

ウラジオストック貿易事務官瀬脇寿人

「松島」(ウルルン島)の問題は、日本と朝鮮の二国間の関係だけでなくロシア極東とその拠点となったウラジオストックという都市も視野に入れて考えなければならないようである。

ウラジオストックの貿易事務官の瀬脇寿人を、東アジアにおける国境の形成という視点から取りあげる。最初に、ウラジオストックに貿易事務官が設置されることになった経緯を確認する。外務省は、明治九年(一八七六)二月一九日、太政官に「魯領「ウラジワストツク」へ我領事館ヲ置」と題する上申を提出した。その上申には次のようにある。ウラジオストックは日本の「北隣」にあたり「新開ノ一港」であり、徐々に「繁盛」してきている。そこで明治八年に外務省七等出仕の瀬脇寿人を派遣して情勢を「探偵」させた。その「探偵」によって以下の点が判明した。ウラジオストックにはすでに欧米の商人がやって来ている。また、ロシア人だけでなく「満州人」なども陸路でこの地域に移住している。すでに数十人の日本の商人も住んでいる。さらに多くの日本人が店を開いて貿易を行なう目的で渡航しようとしている、と聞き及んでいる。このような状況から日本とウラジオストックの交易が盛んになるのは必然である。ウラジオストックで商店を営んでいる日本人たちの要望もあるので、できるだけ早く「貿易取締ノ官員」の派遣を決定してほしい。

このようにウラジオストックと日本の関係の発展が見込まれ、貿易事務官の駐在の必要性が認識された。この外務省の太政官への上申には、この問題に関する二つの書類、「甲号」と「乙号」が添付されている。

「甲号」は、特命全権大使としてサンクト・ペテルブルクに派遣された榎本武揚が、この問題についてロシア側と行なった交渉記録の抜粋である。それによれば彼はロシア側に「沿海道　朝鮮境ヨリ「カムサッカ」マテ諸港」を日本との貿易のために開き、「領事館」を設置することを申し入れた。この要請にロシア側は「領事館」の設置は許可せず、「商事支配人」(貿易事務官)名義の駐在のみを許可したのであった。これによって領事ではなく貿易事務官が派遣されることになった(231)。

「乙号」は、ウラジオストックに在留していた長崎県出身の商人原田茂吉郎と有田猪之助の上申である。この上申は武藤平学という人物によって署名が付され、ウラジオストックにいた瀬脇寿人に提出された。彼らは次のように要望した。自分たちは明治八年の四月からウラジオストックで商店を開いて日本の諸産物や加工品を売買しながら、ロシアだけでなく各国の状況を調査してきた。ドイツ・アメリカ・フランスの商人たちがここで盛んに交易を行なうようになり、日本人も今年の春から五〇人から六〇人ほどもやって来ている。さらに日本の商船も一艘ではあるがウラジオストックに入港して状況を視察していった。毎月、長崎から来る便船はウラジオストックの状況を照会する書翰を持ってやって来るし、函館からも漁業関係の店を開くために人が来ているようである。中国人などが店を開こうとすればロシア側は不法に税金を徴収し、難題を吹っ掛けてくるが、自分たちが店を開くときには、瀬脇たちがここに調査のために出張していたので問題が生じなかった。ロシア人の話によれば、アメリカとフランスが、明治九年に領事館を設置しようと計画している。私たちは、日本の領事館の設置を願っている。領事館ができれば自分たちに有益なだけでなく、日本政府は各国の状況、とりわけ「朝鮮ノ事情モ専ラ探ル事」ができる。もし領事官が設置ができないなら、官吏が一年に二回から三回程度、ウラジオストックに出張することで「露ト朝鮮」の関係の探索にもなる。[232]このように原田と有田は瀬脇にウラジオストックにおける領事館の設置の必要性を上申したのであった。[233]この「甲号」と「乙号」が添付された外務省の太政官への上申は明治九年二月二八日に了承されている。

ウラジオストックに領事館の設置を求める外務省の上申と添付書類から、後に貿易事務官に任命される瀬脇寿人が、明治八年にここに調査（「探偵」）のために出張していたことが分かる。また、添付書類の「乙号」において原田や有田がウラジオストックにおける領事館の設置や役人の出張が、ロシアだけでなく朝鮮の事情やロシアと朝鮮の関係の探索にも有益である、と主張していた点に留意したい。

瀬脇寿人の調査

この瀬脇寿人の明治八年（一八七五）のウラジオストック派遣について、「松島」（ウルルン島）の開拓という視点から考える。[234]最初に瀬脇の旅程を紹介する。彼は、明治八年四月一六日に長崎を出発して、四月二二日にウラジオストックに上陸し、一カ月半ほど滞在して六月七日に同地を離れている。

彼は長崎からウラジオストックへ向かう海上（四月一九日）で「松島」と称する島を目にし、この島は「日本ノ属島」である、と聞かされたのでウラジオストックに到着してから、それを地図で確認してみた。すると、「松島」（ウルルン島）は「我カ雲州《（出雲）》ノ北ニ当ル竹島ノ隣島」であった。[235]

また、この「松島」(ウルルン島)について、武藤平学の隣人であったアメリカ人のコーペルという人物が瀬脇のウラジオストック到来を聞いて、武藤に日本からウラジオストックに来る領事に「松島」(ウルルン島)を五年間、貸与してくれるように依頼してほしい、と申し入れた。これに対して武藤は、彼に「松島」(ウルルン島)から金や銀などが採れるのか、と質問した。するとコーペルは笑って答えなかった。さらに、コーペルは、もし貸与できないのなら、そこは無人島なので移り住む、と話した[236]。この武藤平学は原田と有田が瀬脇に領事館の設置を要請したときに、その書類に署名していた人物である。彼もまた「松島」(ウルルン島)の開拓と関係があった。

瀬脇はさらに、「松島」(ウルルン島)とその近隣の状況の情報収集のために、明治八年五月一三日、ドイツ人船長に朝鮮への渡航について尋ねた。船長は、朝鮮に近づくべきではなく近づけばただちに殺されてしまう、と答えた。さらに瀬脇は、「松島」(ウルルン島)は日本と朝鮮のどちらに近いのか、そして「人家」があるのか否かを質問すると、船長は、「松島」(ウルルン島)は朝鮮に近く、人家はなくて「樹木繁茂シタル嶋」なので「朝鮮人時々来テ樹木ヲ斬リ取リ、船中ニ積ミ帰レリ」と、その状況を説明した[237]。

このように瀬脇はアメリカ人のコーペルやドイツ人の船長との会話から、「松島」(ウルルン島)の情報を少しずつ蓄積しその実態を把握していった。

瀬脇寿人の北東アジア認識

「松島」(ウルルン島)の問題は、ロシア極東の拠点として形成されつつあったウラジオストックという都市と密接に関係していた。この点を北東アジアの国際情勢の変化、とりわけその国境の変更との関連から考えるために瀬脇寿人の北東アジア認識を考察する。

瀬脇は、ウラジオストックに派遣されるおよそ三カ月前の明治八年(一八七五)一月一五日、寺島宗則《てらじまむねのり》外務卿への書翰で、自らの北東アジア認識を吐露している。彼は言う。ロシアは一八五〇年代以降、黒龍江のニコラエフスクに「鎮台府」を置き、樺太からカムチャッカ半島にまで手を広げ、明治四年の秋季にはウラジオストックに「一府」を置いてその勢力を拡大した。ウラジオストックは函館からわずかに二〇〇里ほどで、佐渡とは二〇〇里もない位置にある。往来するには四〇〇里から五〇〇里はあるものの長崎から行くのが順路である。ロシアが清国や日本に「手を出」すときには、このウラジオストックから「船隊」を出す策略なので、この地域を植民して軍隊も配備しようとしている。

このように彼は、北東アジアにおける日本の危機を、ウラジオストックとの関係から予想していた。そのうえで彼は、現実にウラジオストックと朝鮮の間で問題が発生している、と書き記している。ウラジオストックは朝鮮の隣にあり、その境界は「チョサン河」(豆満江)である。「チョサン河」の南岸には朝鮮が「関所」を設定しているが朝鮮からの「脱走人」がウラジオストックに家財や家畜を携えて移っている。これは、ロシアが少しずつ「朝鮮地へ手を出」す「遠謀」の発露なのである。

彼は、ロシアが朝鮮に、ヨーロッパの国々が清国に進出しようとしているので、日本はまず「支那領之東北盛京(奉天)より朝鮮之南岸キュエルポルト(Quelpart. 済州島)諸島」と「朝鮮之北東ウラジオストークよりチョサン(豆満江)地方」の調査のために人を派遣する必要がある、と提案した[238]。

さらに瀬脇は、この二週間ほどあとの明治八年一月二八日、寺島宗則外務卿に提出した書翰の中で、より明確にロシアの脅威に次のように言及している。朝鮮は必ず五年以内にロシアに「掠奪」され、清国はしだいに「蚕食」されていくであろう。そこで、ロシアが朝鮮を奪い取る理由を日本が説明して朝鮮を守る、と話せば朝鮮は日本の味方になる。清国と朝鮮は日本の隣国なのだから日本が「開く」ことは責務なのである。

瀬脇はこのように北東アジアの国際情勢の変化を踏まえて、日本とウラジオストックの関係の形成、とりわけ領事館の建設の必要について提言する。彼は、日本人とウラジオストックの関係について熊本や長崎、さらには鹿児島の人たちが、この三月中旬に食料品や「干魚」を船に積んで同地に向かう、と指摘して、日本の領事館の必要性を主張した。(239)

瀬脇のロシア認識は、ウラジオストックに滞在したあとで何か変化があったのだろうか。この点を次に見ていきたい。彼は、明治一〇年(一八七七)四月二五日、寺島宗則外務卿と鮫島尚信《さめしまなおのぶ》外務大輔に、ウラジオストックの情勢からロシアが朝鮮(「鶏林」)を覬覦《きゆ》していることが窺えるので、日本が朝鮮の「北部」に関与することが必要である、と上申した。具体的には、日本が「松島」(ウルルン島)を支配してそこから朝鮮の「北部」に往来して、日本の米や塩、その他の産物を販売すれば、輸出が増加するだけでなく、ロシア人が朝鮮を覬覦する状況も詳知できる、と提案した。(240)

さらに彼は、翌月の五月二二日、寺島宗則外務卿に、「松島一件」に速やかに着手することを求めている。彼は、「他国」が「同島《(松島)》ト朝鮮北部ニ垂涎イタシ居候」と、「松島」(ウルルン島)の危機について警告して、それに先んじることを提言した。ここで瀬脇が、「松島」(ウルルン島)と「朝鮮北部」に「垂涎」すると指摘する「他国」が、ロシアであることはもはや説明を要しないであろう。(241)

ウラジオストックに派遣された瀬脇の北東アジア認識を考察した。彼は、ロシアが清国と朝鮮に進出すると考え、それを支えるのがウラジオストックである、と捉えていた。このような状況への対応策の一つとして「松島」(ウルルン島)の開拓が構想されていた。彼は、ウラジオストックに派遣される前からロシアに警戒感を有していたが、彼の同地の滞在は「松島」(ウルルン島)に対する具体的な政策を立案する契機になった。

この点を本書が取り上げたのは、ウラジオストックという都市が、一八六〇年の北京条約によってロシアが清国から獲得した沿海州地域の拠点として建設された都市だからである。東アジアにおける大きな国境の変容が「松島」(ウルルン島)の開拓と連動していたのである。

修好条規の締結と国境

次に、日本と朝鮮の間で締結された修好条規の問題を東アジアの国境の変容との関連から考える。明治八年(一八七五)九月に発生した江華島《こうかとう》事件(軍艦雲揚への砲撃事件)を処理するために、黒田清隆《くろだきよたか》が全権大使に任命され朝鮮に行くことになった。黒田は、明治九年(一八七六)二月二七日、朝鮮と修好条規を締結する。その第一条は、「朝鮮国ハ自主」の国であり日本と「平等ノ権」を持つ、と規定している(242)。

この修好条規には、清国と朝鮮のこれまでの関係を否定する、という意義があった。いわゆる冊封《さくほう》関係の否定である。このような修好条規に与えられた従来の評価を確認したうえで、この条規を国境の変容との関連から捉え直してみたい。二つの点から考える。第一は、修好条規の締結交渉とほぼ同時期に実施されていた北京の森有礼《もりありのり》公使の清国側との会談である。第二は、修好条規の交渉時に、日本が朝鮮に説明した東アジアにおける朝鮮の位置づけの変化である。

第一の点を示す。最初に朝鮮に派遣された全権大使の黒田清隆の旅程について確認する。黒田は、明治九年一月六日に横浜を出発し、二月二七日に修好条規に調印して、三月一日、下関に戻っている。

森有礼公使はこの期間に、清と朝鮮の冊封関係に関する重要な発言を清国側から引き出していた。森は、明治九年一月一〇日、総理衙門において清国と朝鮮の関係を問い質した。これに対して総理衙門大臣の沈桂芬は、朝鮮が外国と交際するのは自由であり清国はこれに関与しない、と回答した。次に森は、清国が主張する朝鮮は清の「属国」であるという点について問い質した。沈は、「属国」とは清国の「所有ノ地」ではなく、またその「国事」を管轄するものもなく、「属国」の「進貢」に対して「冊封」と「暦」を与えることだ、と回答した。

さらに森は、この冊封について清国が「属国」の国王を選んで冊封を行なうのか、それとも「属国」の国王の求めに応じて行なわれるのか、と質問した。沈は「属国」が自ら選んだ国王に冊封するのであり、それ以外のことも自主的に行なわせていると答えたうえで、「属国」のうちでビルマとの関係は異なるが、安南(ベトナム)も琉球や朝鮮と同じである、と説明した。(243)

森は、この話し合いの当日、すなわち一月二〇日に交渉の内容を寺島宗則外務卿に報告している。その報告の核心は、清国側が朝鮮は清国の所領ではないこと、さらには朝鮮の内政・外交ともに関与していないことを明言し、清国側が再三にわたって主張してきた「属国」は実態がない、という点である。そして森は、「内政外交ノ権利ヲ全有スルノ国」は「独立自在ノ国」であると記して、その根拠を『万国公法』の第二篇第一章第六三条に求めている。『万国公法』(インターナショナル・ロー)の当該箇所は、独立国の権限の規定とそれが主権に属することを説明している。(244)

森は当時の国際法の規定から、清国と朝鮮の冊封関係の打破を企図していたのである。清国と朝鮮における冊封関係は、近代国際法においては何ら意味のあるものではない、という点を彼は主張した。

第二に、修好条規の交渉時に日本が朝鮮に説明した東アジアにおけるその位置づけの変化を示す。森山茂《もりやましげる》外務権大丞は、明治九年二月二日、朝鮮側に国境をめぐる東アジアの国際情勢とその対応策を次のように説明する。ロシアはすでに満洲を併合してさらに朝鮮を獲得しようとしている。一方、フランスとアメリカは朝鮮に対して復讐の機会を狙っている。もしも朝鮮に問題が発生したらそれは日本にも波及する。そこで、日本と朝鮮が条約を締結し、協力してこの問題に対処すべきである。[245] このように森山は、東アジアの国際情勢を説明した。ここで彼が指摘するロシアによる満洲の併合とは、一八六〇年の北京条約による沿海州地域の併合を意味している。そしてフランスとアメリカが復讐しようとしている、というのは、フランスが慶応二年（一八六六）に江華島に進撃して撃退された事件（「丙寅洋擾」）とアメリカが明治四年（一八七一）に同様に撃退された事件（「辛未洋擾」）に対する復讐を示唆している。

　この国際情勢は、修好条規が締結される二月二七日の交渉においても議論されている。宮本《みやもと》小《こ》一《いち》外務大丞は、この交渉の最中に地図を取り出して豆満江がロシアと朝鮮の境界にあることを示したうえで、日本が明治八年にポシェット湾（ウラジオストックからさらに朝鮮側にある湾）に役人を派遣して調査した内容を朝鮮側に伝えている。その調査によれば、ポシェット湾には三〇〇〇人のロシアの精兵が駐屯しており、この境界地域でロシア人は朝鮮の人たちを手懐《てなず》けている。それは、ロシアが朝鮮との国境を曖昧にして朝鮮を蚕食するためなのだ、と述べている。

　さらに宮本は、サンクト・ペテルブルクの日本公使館に勤務している友人からの情報を朝鮮側に話している。それによれば、ロシアはポシェット湾が冬季に結氷するので朝鮮の永興府を占領して哨所（「屯兵所」）をここに移すつもりである。そのうえで宮本は、ロシアとの国境問題を回避する必要を説明するために、台湾の事例をあげた。彼は台湾の地図を出して説明する。青色に塗られている半分の地域は清国の領土であり、もう半分の白色の地域は未開の先住民（「土蠻」）の領土である。また赤色に塗られている島々は琉球の八重山という地域である。この八重山の人たちが五〇人も未開の先住民に殺害された。この事件があって樺山資紀《かばやますけのり》たちが台湾を攻め取ったところ（台湾出兵）、清国がその領有を主張した。日本側は琉球藩の八重山の人たちが先住民に殺害されたのになぜ清国はそれを放置しておいたのかと非難して、結局、五〇万テールの賠償を支払わせた。この台湾の事例からも「境界ノ事」に注意すべきである、と宮本は朝鮮側に注意を喚起した。[246]

このように日本は、朝鮮との関係の形成が、東アジアにおけるその位置づけの変化、すなわち一八六〇年の北京条約によるロシアの沿海州地域の獲得とポシェット湾の増強との関係から必要である、と説いたのである。その後、ポシェット湾は極東における拠点とはならず、近接したウラジオストックがその役割を担う。極東における拠点は、明治四年(一八七一)、アムール川の河口のニコラエフスクからウラジオストックに移される。

修好条規は、日本の朝鮮進出の起点として捉えられている。本書は、修好条規に与えられているこのような評価に疑義を呈するものではない。しかし、本書の課題である国境の形成、という視点から考えたとき、それは北京条約以後のロシアの沿海州地域の獲得という東アジアにおける大きな国境の変更によって、日本が抱いた朝鮮半島の危機への対応として捉えられる。

第6章　明治維新と樺太

1　樺太・千島交換条約締結以前の樺太

樺太・千島交換条約へ

日本とロシアは、慶応三年二月二五日(一八六七年三月三〇日)、「からふと島仮規則」を締結した。この条約の核心は、安政元年(一八五四)一二月二一日のロシア条約(日露和親条約)での日本側の条約解釈(アイヌが居住する地域——西海岸ではホロコタン〈北緯五〇度付近〉——は日本領である)を放棄したことにあった。これにより、ロシアも日本も樺太において相互に進出できることになった。明治時代初期における北方の国境の画定は、このような条件下で進むことになる。

明治時代初期における北方の国境が創られていくポイントは、明治八年(一八七五)五月七日に締結された樺太・千島交換条約である。まず樺太・千島交換条約締結以前の樺太の状況を西海岸と東海岸に分けて見ていきたい。

樺太の西海岸の状況

樺太の西海岸において最も北方に置かれていたウショロ出張所が、明治七年（一八七四）八月一一日に廃止される。このウショロ出張所が廃止されるまでここを担当していた大主典の原元貞が記した『明治七年　演説書　樺太詰大主典原元貞』（以下『演説書』と略記する）の「鵜城沿革《ウショロ》」に拠りながら樺太西海岸における境界の状況を考える。(247)

ウショロ出張所は、北はホロコタンから南はライチシカ川の河口までの樺太西海岸の最北地域を担当していた。まず、明治維新を迎えるまでのウショロ地域について、その概要を示す。目付で「松前蝦夷地用掛」だった堀利忠が、安政元年（一八五四）にライチシカに八幡神社を建設した。三年後の安政四年五月に大野藩の早川弥五左衛門がウショロを調査し、翌年の安政五年に漁場を開いた。その後、万延元年（一八六〇）八月にこの地域は大野藩の「領分同様」になった。

状況が大きく変化したのは明治元年だった。ウショロ地域の日本人とアイヌの関係を「雑居条約」、すなわち「からふと島仮規則」の布達が変化させた。ウショロで「からふと島仮規則」が通知されたのは、明治元年一月二一日のことである。『演説書』に所収されている「鵜城沿革」は、そのときの状況を次のように記している。定役の秋山盛之進がロシア人士官の立ち会いのもとで、「雑居条約」（「からふと島仮規則」）をアイヌたちに申し渡した。このとき、秋山はアイヌたちに「孰レノ国ニ附属スルヤ」と問い質した。ニセレメロカという「平土人」のアイヌが沈黙を破って発言した。自分の家には七十余歳の老母がいる。これまで「日本ノ撫育」によって飢えを凌《しの》いできた。今になって日本を離れて老母が困窮するのは忍びない。日本人はロシア人よりも数十年前に樺太にやって来たのだから、自分たちがロシアに属する理由など無く「断然日本ニ属ス」と述べた。しかし、これに同意したアイヌは二人しかいなかった。

それから、日本の支配の末端にいた「役土人」たちは退役を願い出て、「平土人」は日本側に雇用されることを断り、日本にもロシアにも所属せずに「全ク中間独立ノ民」になったものが少なくなかった。幕府から引き継ぎを受けたアイヌの「人別」によれば、この地域のアイヌは九一人ほどだった。その中で、日本に随従していたアイヌは三一人であった。その後、明治元年にウショロ出張所詰になった堀七郎と伊藤祐胤らが「中立」のアイヌを説諭して日本側に引き寄せて、「役土人」も日本側に随従するようになっていった。そして、「平土人」も日本側に雇用されることを願うようになった。ウショロ出張所を閉鎖する明治七年にあっては、ホロコタン以南で日本の「戸籍」に入っていないアイヌはいない、という状況になった(248)。

次に、この地域の明治初期の日本人の活動を確認する。この活動の中心は大野藩だったが、同藩は、明治二年六月に漁場を返上してウショロから引き揚げてしまった。その後、少主典の原元貞が、明治三年二月二五日、ウショロ出張所詰になった。彼はこの出張所が廃止されるまで勤務する。この明治三年一〇月には、場所請負商人の山田文右衛門がウショロ場所(漁場)の「出稼」人になって漁場を運営することになった。しかし、山田文右衛門も、明治五年一二月二九日に漁場から撤退し、漁場はウショロ出張所の「直漁場」(直営漁場)になった。

樺太の西海岸の拠点となっていたウショロ出張所はこのような変遷をたどった。さらに北方の北緯五〇度付近のホロコタンの状況についても触れておきたい。ホロコタンには、日本人の役人は常駐していなかった。そのためアイヌに対する「定例ノ撫育」は行なわれず、食料などが確保できないときはアイヌがウショロ出張所の役人に申し出て、それに援助が与えられる、という関係であった。明治三年には「備蔵」がホロコタンに建てられ米や味噌などが非常用として備蓄され、「役土人」のロンクノが「蔵番」を任されていた。

ホロコタンからアイヌがウショロに出稼ぎに来ることはあるものの、そこへの日本の影響力はウショロと比較すると小さかった。

ウショロ出張所の廃止

このウショロ出張所が廃止される状況を次に示す。ウショロ出張所が廃止されることになったのは漁場の不漁が大きく関係していた。ウショロ出張所の役人たちは、明治七年(一八七四)一月二八日、会議を開きウショロ出張所の今後について話し合った。その結果は「場所取続ノ目途無之」、すなわちその存続は困難である、という結論になった。かつて山田文右衛門が差配していた漁場は、明治五年一二月に「直漁場」(直営漁場)になっていたが、その漁場は損失を出していた。[249]

原元貞は、明治七年二月八日、樺太における日本の拠点のアニワ湾のクシュンコタンに出張して、ウショロ出張所の廃止を進言した。彼は廃止についての了承を得て、二月二七日にウショロに戻りそれが実行された。

ウショロ出張所は、八月九日、アイヌにウショロ場所からの引き揚げを通知した。原の「口達」には、ウショロ出張所の引き揚げで生活の手立てを失うかもしれないが、決して「御見捨」にするわけではなく、詮議により再び人員を派遣し「御世話」するかもしれないので、それまで各自「出精」して生活していてほしい、と記されている。シッペチユー(惣乙名)・ノボリランケ(惣乙名)らは、この「口達」に対して、同日の八月九日、漁場の支配人代の星山慶蔵を通じて嘆願書を原に出した。彼らは言う。ウショロ出張所の廃止後に残されたアイヌは路頭に迷うだけではすまない。ウショロよりも奥地のホロコタンやオッチシなどのアイヌたちにも影響が出る。彼らはかつて近くに日本人がいなかったのでロシア人から暴行が加えられ、それに耐えかねて「墳墓ノ地」を離れてウショロにやって来た。[250]日本人がここからいなくなれば、ロシア人がアイヌたちに暴行する。それゆえ、クシュンコタンに行ったら「長官」と相談して、明治八年の春まで二人でいいから日本人を留めてもらい、さらに来年には漁場を差配する請負人を派遣して、これまでと同様な生活ができるようにしてほしい。彼らはこのように歎願した[251]。

原らは、八月一一日の九時三〇分に海悦丸でウショロを出航するのであるが、その名簿である「帰登人員」には「永住人」九人・「工農民」五人・「漁民」七人の合計二一人と記されている。出航する前にここで死亡した人たちのために「招魂所」が作られていた。乗船する前に各自で「招魂所」を参拝した。安政五年(一八五八)から明治七年(一八七四)まで、この地で三八人(男性二七人・女性一一人)が死亡していた。原の船を見送るためにアイヌたちは海岸までやって来た。原は報告書の八月一一日条に「永訣ニ臨テ」と記しており、二度と会うことのない別れだと分かっていた。このとき、彼は、私物を老人や病人に分け与えている[252]。

このように、明治七年八月一一日にウショロ出張所が廃止されたことにより、樺太・千島交換条約が明治八年五月七日に締結される以前にあって、すでに日本の樺太の西海岸における境界は大きく後退していた。

樺太の東海岸の状況

次に樺太の東海岸の状況を見てみよう。樺太の東海岸で漁場を開いていた旧勝山藩主の酒井《さかい》忠美《ただよし》が、明治七年(一八七四)八月、太政官の歴史課に提出した「回答書」から、勝山藩と樺太の東海岸の関係を示す。

勝山藩が樺太の漁場に進出した契機は、安政五年(一八五八)三月に箱館奉行の堀利忠が勝山村名主格の新兵衛に蝦夷地における「鯨漁」の調査を指示したことである。「鯨漁」は「大業之事」で成功しなかったが、新兵衛が戻って来ると蝦夷地での漁業を希望する者が多く現れた。そこで勝山藩は、万延元年(一八六〇)閏三月、箱館奉行に上申し蝦夷地に漁民を出稼ぎさせようとする。その後、幕府は、文久二年(一八六二)に樺太(「北蝦夷地」)の幕府直営漁場

(「御直場所」)で使用する「押切船」の製造を勝山藩に命じた。完成した船を納入するために、勝山藩の家来が樺太に行くことになった。勝山藩はその家来に「北蝦夷地東静川《シスカ》辺」までを調査するように命じた。その調査の結果、勝山藩は重要な場所は「北蝦夷地」の「奥地」である、と考えた。なぜなら、そこはロシアとの「境界」が未画定で「雑居同様之姿」だったからである。そして、勝山藩は樺太の東トンナイのアエロフに一カ所、ウエンコタンからシスカ(静川)までに一カ所、シラヌシに一カ所、蝦夷地の宗谷のサンナイに一カ所、箱館に一カ所の土地の給付を幕府に求めた。藩主の酒井忠美は、樺太の西海岸には大野藩が配置され、東海岸に勝山藩が配置されれば「万分之一」ではあるが「御警衛ニも相成」り、その地域を「取開」く助けにもなる、と考えた。勝山藩が、この上申を幕府に提出したのは文久三年六月のことである。(253)

老中阿部正外《あべまさと》はこの申請に対して、元治元年(一八六四)一二月二九日、樺太のタランコタンと蝦夷地のサンナイに土地を割り渡すことを勝山藩に伝達した。実際に漁業がタランコタンで行なわれるのは、慶応元年(一八六五)のことである。勝山藩は、明治維新後の明治元年(一八六八)四月二五日、家来の岡田文左衛門を通じて樺太での漁場の継続を明治政府に願い出た「口上覚」の中で、樺太はロシア人と「雑居之地」なので「一歩モ相進ミ取開」けば「御国之土地相殖候」と、雑居地になった樺太で土地を切り開くことが国土を増やすことになる、と上申した。この上申は受け入れられ、明治維新後もこれまでと同様に「北蝦夷地開拓」に尽力するように勝山藩は指示された。

開拓使は、各藩に与えていた北海道の土地を戻させることを明治四年に決定し、樺太の東海岸で土地を与えられていた勝山藩(加知山藩)も、明治六年七月、開拓使にシスカ川の漁場を引き渡した。(254)

2　樺太・千島交換条約と樺太

樺太・千島交換条約の締結

樺太・千島交換条約の締結と樺太が割譲される過程を考察する。日本とロシアは、明治八年(一八七五)五月七日、樺太・千島交換条約を締結した。この条約により日本は、樺太を放棄し千島列島を領有することになった。

この樺太・千島交換条約の交渉を担当したのは、海軍中将で特命全権公使に任命された榎本武揚《えのもとたけあき》であった。彼は、明治七年八月二〇日、サンクト・ペテルブルクのロシア外務省において、樺太で発生していたロシア人の日本人への暴行殺害事件の問題を皮切りに交渉を開始した。榎本は、一一月一四日になって、樺太の国境(「境界」)についての交渉を始めた。ロシア側の代表は外務省アジア局長のピョートル・ニコライヴィチ・ストレモウホフ(Петр Николаевич Стремоухов)である。日本の外務省が編纂した『日本外交文書』によれば、この一一月一四日の交渉は「対話書第四回」とあり、そのあとの「対話書第五回」が明治八年一月二日、「対話書第六回」が三月四日、「対話書第七回」が三月二四日、「対話書第八回」が三月三〇日、「対話書第九回」が四月一九日、「対話書第十回」が四月二四日である。これらの交渉を経て、樺太・千島交換条約は明治八年五月七日に調印された。

この樺太・千島交換条約の交渉を考察する前に取りあげたいことがある。それは榎本が国境の交渉を、明治七年一一月一四日に始めた、という点である。この一一月一四日が樺太の国境交渉の初日であることは、日本公使館の一等書記官で榎本がサンクト・ペテルブルクに到着するまで臨時代理公使を勤めていた花房義質《はなぶさよしもと》外務大丞の日記に「榎本公使今日を以て、樺太島境界の事ニ付談判を初む」とあることから確認できる(255)。

すなわち、八月二〇日に交渉が開始されたものの、樺太におけるロシア人流刑囚による日本人への暴行殺害事件ばかりが議論され、二カ月半以上も経って国境交渉が開始された、という点である。この点を考えるために、榎本が明治七年一一月二六日、政府に打電した秘密電報を取りあげる。彼は、ロシア政府が日本にいるロシア公使に榎本に出されている訓令の内容を探るように指示したことを伝えるとともに、「樺太島境界談判は台湾一件見事ニ済たる報を得し後、直に始めたり」と記している。すなわち、榎本は、台湾問題の処理の情報を得たので樺太の国境交渉を開始したのである。(256)

本書の第4章第1節の「台湾問題の処理と琉球問題」の項で紹介したように、大久保利通《おおくぼとしみち》が清国で琉球漂流民殺害事件に対する「撫恤金」を獲得したのは明治七年一〇月三一日のことである。この南方の国境の問題の処理が北方のそれを進展させたのである。この点を確認したうえで、樺太・千島交換条約の交渉を具体的に見ていくことにしよう。

第四回から条約の内容が整う第七回までの交渉を取りあげる。榎本は、明治七年一一月四日の「対話書第四回」の交渉で、自らに与えられた訓令は「島上境界」である、と述べ、樺太の島上に国境を引くことをロシア側に提案し、ロシアの国境画定方針の変化を次のように批判した。プチャーチンと露使応接掛の筒井政憲《つついまさのり》が、嘉永六年(一八五三)から安政元年(一八五四)に交渉したとき、ロシア側にはラペルーズ海峡(宗谷《そうや》海峡)を国境とする認識はなかった。それなのに東シベリア総督のニコライ・ニコラエヴィチ・ムラヴィヨフ(Николай Николаевич Муравьев)が安政六年に来日したときには、樺太全島がロシア領であると主張した。一方、日本側は、筒井が交渉にあたったときにはホロコタン(樺太の北緯五〇度付近)を主張していて、慶応二年(一八六六)にサンクト・ペテルブルクで外国奉行兼箱館奉行の小出秀実《こいでほずみ》が交渉したときにはクシュンナイ(樺太の北緯四八度付近)に引くことを提起し、一貫して島上での分界を主張している、と述べた。このように実質的に最初の国境交渉となった第四回の交渉では、従来の経緯が確認された。

榎本は、明治七年一一月二二日、交渉の内容と今後の方針について外務卿の寺島宗則《てらじまむねのり》に次のように報告している。樺太を放棄する代償(「釣合物」)はできるだけ日本に有利にするが、前外務卿の副島種臣《そえじまたねおみ》が、かつてロシア領事のエヴゲニイ・カルロヴィチ・ビュッオフ(Евгений Карлович Бюцов)との対談で、樺太放棄の代償として、日本が朝鮮に侵攻する際にロシアが中立を保つという条件をその一つとして提起したことがあった。ロシアは、この「征韓中立一件」を次回の交渉で提示してくるだろう。

榎本は、このように次回の交渉で樺太問題と朝鮮問題が連動することになる、という予想を伝えたうえで、樺太がロシアの極東政策の中で持っている意義について自らの考えを次のように記している。ロシアは莫大な陸地を持っているが港湾に恵まれておらず、極東においても一〇年ほど前まではニコラエフスク港やデカストリー湾しか港湾がなかった。それらは一年のうち半年ほども結氷してしまう。その後、ロシアは一八六〇年の北京条約により沿海州地域を獲得し、ウラジオストックを「海軍提督府」にした。ウラジオストックは「好碇泊場」で、一年のうち二カ月しか結氷しない。さらにポシェット湾に至っては結氷することは稀である。しかし、ポシェット湾の周辺には資材になる樹木が無かったので、ウラジオストックが拠点として選ばれた。ウラジオストックは「好碇泊場」ではあるが、そこから「外洋」、すなわち太平洋に出るためには日本と関係せざるを得ない。第一は朝鮮海峡である。ここには対馬《つしま》がある。第二は関門《かんもん》海峡である。第三は津軽《つがる》海峡である。第四はラペルーズ海峡(宗谷海峡)である。第五は間宮《まみや》海峡である。この間宮海峡は浅海であり結氷する恐れがある。このようにウラジオストックから太平洋に出るための海路を考えると、ラペルーズ海峡(宗谷海峡)は、ロシアにとって要地であり、戦時にその通行の自由を確保する必要があるので、樺太のアニワ湾を占拠して防御の地点にしたい、と考えている。このことがロシアに樺太のすべてを希求させている。榎本はウラジオストックと太平洋の関係を踏まえて樺太の意義をこのように説明した。(257)

次に、明治八年一月二日の第五回目の交渉である。榎本とアジア局長のストレモウホフは、樺太の譲渡の代償について話し合った。榎本はウルップ島と近隣の三つの小島、さらにロシアの軍艦をその代償として求め、割譲する樺太のクシュンコタンを関税のかからない「無税港」にする、という条件を提示した。次に彼は、ロシアが考えている樺太の「代地」の見込みを照会した。これに対してストレモウホフは、アンフヒイトリット瀬戸(ホロムシロ島とオンネコタン島の間)までを日本に引き渡す、と回答した。(258)

第六回目の交渉は、三月四日に榎本とストレモウホフによって行なわれた。榎本は樺太の島上に境界を引くのが政府の方針であるが、樺太の放棄に対して納得できる「補償」が得られるのであれば交渉することが許可されている、と述べた。そして、榎本が提案したのは千島列島のすべての譲渡の見返りに樺太を放棄する、という案だった。(259)

この第六回目の榎本の提案は受け入れられる。三月二四日に行なわれた第七回目の交渉で、ストレモウホフは条約の案文を榎本に示した。その案文の内容は、樺太についてはラペルーズ海峡(宗谷海峡)を国境とし、千島列島についてはシュムシュ島とカムチャッカ半島のロパトカ岬の海峡を国境にする、と記されていた。(260)これらの交渉を受けて明治八年五月七日に樺太・千島交換条約が締結された。(261)

この樺太・千島交換条約が日本の対外政策の中で持っていた位置づけについて触れておきたい。日本公使館の一等書記官の花房義質は、明治八年五月七日、「日記」に外務大臣のアレクサンドル・ミハイロヴィチ・ゴルチャコフと榎本とともに樺太・千島交換条約に調印したことを記して「於是《ここにおいて》、二十年来之論地一朝ニ決着せり」と長年の懸案が解決したと評した。そのうえで「これによりて国泰く、民安く而して、其力を西南ニ用るに障碍あらさん事を望む」と記している。(262)彼は北方における国境の問題が解決したことで、「西南」すなわち朝鮮半島や台湾に明治政府が精力を傾けることができることを願ったのである。この時期の明治政府の外交政策の中で、樺太・千島交換条約の締結はこのような意義を有していたのである。

樺太における領土の引き渡し

理事官の長谷部辰連《はせべたつつら》開拓中判官は、樺太の引き渡しのために、明治八年(一八七五)九月九日、ロシア側の理事官ホウコニックとアニワ湾のクシュンコタンに到着した。両者は、東海岸のシスカ川までロシアの軍艦で巡航した後、クシュンコタンに戻って、九月一九日、「地方引渡ノ式」を行なった。さらに長谷部は、九月二四日、西海岸のウショロにおいてロシア側に家屋などの引き渡しを行なった。

九月一九日の「地所引渡ノ式」は次のように行なわれた。まず日本の国旗を降ろし、その際にロシアの軍隊と軍艦がそれぞれ二一発の祝砲を打った。この後、ロシア国旗を掲揚して祝砲が打たれた。土地の引き渡しが行なわれたことを住民に布達した後、それに関する証書を理事官が交換した。このように領土の受け渡しが行なわれた。

長谷部はこの式典のあとで、ロシア領となった樺太に居住し続けるか否かを住民に質した。日本人で残留を希望する者はいなかった。次に、アイヌにもその去就を質した。すると「一心皇国ヲ仰キ即時移住ヲ請フ」アイヌが八四一人いたので、彼らを北海道の宗谷地方にまずは渡海させた[263]。

この北海道に移住させられた樺太のアイヌは、その居住地からおよそ三つのグループに分けられる。第一のグループは、アニワ湾のクシュンコタン周辺のアイヌである。およそ四六〇人ほどである。第二のグループは、西海岸の最南端のシラヌシのアイヌで、およそ二八〇人ほどである。第三のグループは、西トンナイの九〇人ほどのアイヌである。樺太・千島交換条約後、樺太から北海道に移住させられたアイヌは、その居住地がほぼ樺太の南方地域であったことが分かる[264]。

3　樺太・千島交換条約後の千島列島

千島列島における領土の引き渡し

樺太・千島交換条約によって国境は画定した。しかし、それを実質的なものにするためには国家の力量が伴わなければならなかった。明治政府は、新たな領土となった千島列島を調査し、そこに居住している人たちを自らの国民として統治システムの中に編入する必要があった。次にこの点を見ていきたい。最初に千島列島における領土の引き渡しを示す。開拓使五等出仕の時任為基《ときとうためもと》は、ロシアの理事官マチューニンとともに日進艦で明治八年(一八七五)九月五日に函館を出航し、九月一一日にカムチャッカ半島のペテロパブロフスクに到着した。その後、一〇月二日にシュムシュ島においてロシアの国旗を降ろし、日本の国旗を掲揚した。その二日後の一〇月四日にはウルップ島で同様の「譲渡式」が実施された(265)。

ロシア側の調査によれば、ウルップ島の三三人のアリュートとシムシル島の五九人のアリュートはロシアに行くことを希望した。一方、シュムシュ島の三三人のアイヌ、オンネコタン島の一六人のアイヌ、シャスコタン島の二三人のアイヌはこの段階では去就を決定できず、翌年の明治九年(一八七六)五月にシュムシュ島に集まってそれを協議することになった(266)。樺太・千島交換条約の附録の第四条は、交換された地域の住人は三年以内に去就を決定するように規定していた。

明治九年における長谷部辰連・時任為基の派遣

明治政府が最初に実施しなければならなかったのは千島列島を調査してその実態を把握することだった。開拓長官の黒田清隆《くろだきよたか》は千島列島の状況を知るために、明治九年(一八七六)五月、開拓中判官の長谷部辰連と開拓使五等出仕の時任為基を千島列島の調査に向かわせた。彼らは、七月六日、シュムシュ島においてリーダーのストロビエフらと会談している。ストロビエフは、オンネコタン島とシャスコタン島のアイヌたちがやって来て、ロシアに行くか日本に留まるかを決する予定であったが、来島が遅れていて独断ではそれを決定できない、と述べた。それゆえ、今年中に協議して去就を決定し、来年、日本側にそれを伝えることになった。

長谷部と時任は、調査を『千島三郡取調書』と題して作成し、それを踏まえた政策を『千島着手見込書』として提出した。これらの史料を復刻した北方史研究者の高倉新一郎は、その解説の中で「新領土の事情はこれによって明らかになり、この調査を基として新領土の経営は出発した」と、千島列島の経営におけるこの調査の重要性を記している。(267)

明治一一年における井深基の派遣

千島州派出委員に任命された井深基は通訳の東虎雄とともに、明治一一年(一八七八)八月、千島列島(ウルップ島・シンチル島《シムシル》・シュムシュ島)に派遣された。彼は、アイヌが日本国内、すなわち千島列島に留まるのか、ロシアに行くのかの確認を任務としていた。井深が巡視後に提出した『復命書』によりながら千島列島の状況を示す。まず彼らの旅程を確認する。井深らは、八月八日に根室《ねむろ》を出発して、八月一二日にシュムシュ島に到着して調査を実施し、八月一四日にシュムシュ島を出航してウルップ島に寄港して戻り、八月二二日付で報告書を提出した。(268)

この報告書を示す。井深は、八月一二日、シュムシュ島でアレクサンドルとピョートルの二人に会った。彼はアレクサンドルに前回には七〇人ほどいたアイヌの去就を尋ねた。アレクサンドルは、現在、ここには二二人しかアイヌはおらず、それ以外は、昨年、カムチャッカ半島に移住した、と答えた。井深は、在島している二二人が「日本政府ノ民籍」に入るか否かを照会した。アレクサンドルは、「日本政府ノ民」になることを希望している、と表明するとともにロシアに行っても「活計ノ目途」が立たないので日本政府の船が来るのを待っていた、と述べた。井深は、アレクサンドルたちに準備してきた七二人分の米塩などの物品のうち、二二人分を給与して出航した。

井深は巡視終了後に提出した『復命書』に「千島国占守《シュムシュ》郡第一島マイロッパ港住人民姓名調」を添付して「日本帝国ノ臣民」になったアイヌの氏名をカタカナで記載している。

この井深のシュムシュ島への派遣によって、千島列島におけるアイヌを確認し、国民を確定することができたように思えた。しかし、それは誤りだった。この問題がどのように展開するかを示す。

明治一二年における折田平内の派遣

開拓権書記官の折田平内が、井深の派遣された翌年の明治一二年(一八七九)六月に、千島列島に派遣された。折田は六月二七日に根室を出発し、七月一日から七月四日までの四日間、シュムシュ島に滞在した後、シムシル島・ウルップ島・エトロフ島・シコタン島・クナシリ島に寄港して、七月一六日に根室に戻った。このとき作成されたシュムシュ島のアイヌの人口は、「千嶋国占守郡第一嶋居住民民籍調」によれば、六家族で二二人(男性一〇人・女性一二人)であった。

日本側が、シュムシュ島のアイヌにカムチャッカ半島との往来について質すと、アイヌは、昨年、すなわち明治一一年にカムチャッカ半島に「弾薬」を購入しに行った、と答えた(269)。やはり、この時点にあってもシュムシュ島とカムチャッカ半島の地域としての一体性は失われていなかったのである。

折田は、明治一二年七月二五日、開拓長官の黒田清隆に提出した「千島諸島巡回復命書」の中でアイヌの移住について報告している。彼は、七月四日、シュムシュ島のアイヌのリーダーであるアレクサンドルにエトロフ島の近傍への移住を勧めた。しかし、それは実現しなかった。アイヌたちはシュムシュ島を「無比ノ良土トナシ他ニ移ルヲ欲セス」という状況で、それを受け入れなかった。このような状況を勘案して、折田は次のように政策を提起している。アイヌを誘導すればエトロフ島などに移転させられるが、結局、彼らは「給助」を受けなければ生活していけないだろう。それゆえ、彼らを移住させるよりも彼らが望む援助により、毛皮獣などの収獲物が多くなるようにする方がよい。収獲物の交換についいては規則を制定して、開拓使が三年に一度ずつ船を派遣して、その規則に基づいて、彼らが必要とするものを給与するのが「得策」である(270)。

明治一五年における松下兼清の千島派遣

折田は、三年に一度ずつ開拓使の船をアイヌのところに派遣することを提案していた。次に船が派遣されたのは三年後の明治一五年(一八八二)である。このとき、派遣されたのは根室県五等属の松下兼清だった。この根室県とは開拓使が明治一五年に廃止されたあとに設置された三県(函館県・札幌県・根室県)の一つである。

根室県令の湯地定基《ゆちさだもと》によって派遣された松下らは、九月一八日に根室を出航し、九月二二日にシュムシュ島に到着し、同地を九月二五日に出航して一〇月二日に根室に戻って来た。

松下が、九月二三日、シュムシュ島でアイヌのリーダーのアレクサンドルの所在を尋ねると、応対にあたったアイヌは、アレクサンドルが八月一日頃に三人のアイヌとともに火薬などの購入のためにカムチャッカ半島に行ったままでまだ戻っていない、と答えた。

ここで問題になったのは前回の明治一二年の調査のときとアイヌの人数が変化していたことだった。まず、前回の調査のときにはシムシル島に出稼ぎに出ていた六人がシュムシュ島に戻って来ていた(そのうち、一人は死亡)。そして、七人のアイヌがカムチャッカ半島から越境してシュムシュ島に来ていた。この七人のアイヌは、「魯国民タル証書」を携帯しており、明らかにロシアに帰属していたアイヌたちであった。[271]

このように樺太・千島交換条約が締結されてすでに数年が経ていたこの明治一五年にあっても、シュムシュ島とカムチャッカ半島の往来は何ら規制が加えられていなかった。国境は実質的には機能していなかったのである。

この巡視を終えて松下らが提出した「意見書」は、シュムシュ島などの北千島とそこに居住するアイヌたちの状況を踏まえて新たな方策を提起している。その方策の核心は、アイヌたちに与える「給与品」を増やすことと官吏の駐在である。アイヌたちは「給与品」が少ないために、外国(ロシア)に行ったり通過する外国船(密猟船)と収獲物を交換していたが、その密猟船から彼らは虐待され苦しめられていた。これは千島列島の取締りができていない、ということを意味していた。そこで官吏が在勤して食料品などを管理して、アイヌたちに「獣魚ノ捕獲」と「耕耘」(農業)に従事させ、その一方でアイヌたちに衣服を給与する。これによりアイヌの「撫育」も「取締」も行なうことができる。このように新たな政策が必要である、と松下は上申した。[272]

シュムシュ島のアイヌのシコタン島への移住

アイヌのシュムシュ島とカムチャッカ半島の往来を遮断して「国境」を実態のあるものにできたのは、明治一七年

（一八八四）のことであった。それは、シュムシュ島のアイヌのシコタン島への強制移住、という手段によって実現された。この過程を次に考察する。

根室県令の湯地定基は、明治一七年六月二六日、根室を函館丸で出航し、六月三一日にシュムシュ島に到着し、七月六日に同地を出航して、七月一一日にシコタン島でアイヌたちを下船させた。

湯地らが、七月一日にシュムシュ島のアイヌを確認すると予想を超える人数のアイヌがいた。その理由をリーダーのアレクサンドルに尋ねると、彼は明治一六年にラショワ島から六〇人ほどのアイヌがシュムシュ島に移って来たことを明らかにした。そこでラショワ島から移ってきたアイヌのリーダーであるホロムシロ島出身のヤーコフに事情を聴くことになった。まず彼に千島列島が日本の領土であることを知っているのか、と質問した。すると彼は八年前にラショワ島にやって来たアメリカ船から教えられた、と回答した。さらに、ヤーコフらが、ラショワ島からシュムシュ島に移って来た理由が聴取された。ヤーコフは「米人来テアシ《（悪）》キ事ヲスル」から、と移転の理由を説明した[273]。これは、ヤーコフたちが獲得したラッコの毛皮などが強制的にアメリカ人らに交換させられたことを意味していた。このような行為に対してヤーコフは不満を述べたのであるが、その背景にはロシアの商人が毎年、シュムシュ島にやって来てアイヌたちが希望する量の物品と毛皮を交換していた、という事情があった[274]。

結局、彼らはシコタン島に強制移住させられることになった。シコタン島に移住させられたアイヌたちは慣れない気候と希望しない農業の強制によって次々に倒れて行った。このアイヌの苦難についてはこれまでも研究されており、その状況を詳細に知ることができる。ここでは、千島列島における「国境」の実態として、日本は自国の領域内にいたヤーコフたちの存在を、このときはじめて把握した、という事実が、千島列島に明治政府の統治が十分には及んでいなかった証左であることを示唆しておきたい。

無人となった北千島

根室県令の湯地定基がシュムシュ島のアイヌたちをシコタン島に移住させた理由を、彼の報告書から確認しておきたい。湯地は、根室に帰った後の明治一七年（一八八四）七月一五日、内務卿の山県有朋《やまがたありとも》に「得撫《ウルップ》島以東警備之義ニ付上申」を提出している。[275] この「上申」によれば、北千島のアイヌたちは、シュムシュ島とカムチャッカ半島を往来していて、言語や風俗もロシア人と異ならないだけでなく「魯西亜《ロシア》ヲ以テ本国トスルノ情実」だった。日本側がほぼ三年ごとに北千島に派遣していた「撫育」のための活動も実効がなかった。

留意したいのは、外国船が千島列島でラッコやオットセイなどを密猟していたことであった。彼らは毛皮獣を密猟するとともに千島列島のアイヌを猟場から追い払い、さらには虐待していた。明治政府は、このような国家領域内で頻発している事件を実力によっては防ぐことができず、被害にあっているアイヌたちの強制移住という方策でしか、彼らに加えられている外国人の不法を止めることはできなかった。千島列島のアイヌがシコタン島に移住させられたあとも、このような外国船による毛皮獣の密猟は止まることはなかった。

このように、樺太・千島交換条約によって、カムチャッカ半島とシュムシュ島の間で「国境」が画定され、千島列島が日本の国家領域内になっても、外国の毛皮獣の密猟者から地域を保全するという課題は容易には達成できなかった。

国際関係の変化の中で

連関と対立

本書は「一九世紀後半における国際関係の変容と国境の形成」を考えるにあたって三つの点に留意した。第一は、日本の国境の画定《かくてい》における多様な国家の関与である。第二は、それぞれの国境の画定における相互の連関である。第三は、世界史的な対立(英露対立)と東アジアにおける国際関係の変容(露清関係)である。

第一の点をまとめる。琉球《りゅうきゅう》国は、天保一五年(一八四四)以降にフランス船やイギリス船の来航によってその境界を明確にすることが求められた。琉球国はフランス船などの来航がアヘン戦争による清国の弱体化によるものである、と捉えていた。この点は通説である。ここでは樺太《からふと》においてもアヘン戦争との関連で清国の満洲と樺太への影響力が弱体化し、そのような状況の中で樺太の国境が問題になっている、と幕吏たちが理解していたことを示唆しておきたい。

「竹島」(ウルルン島)は、日本と朝鮮の二国間の国境問題なのではなく、一八六〇年の北京条約によるロシアの沿海州獲得という国境の変更への対応として、その領有が企図された。また、小笠原島は、ハワイから移り住んだイギリス人やアメリカ人との間で争われた。このように日本の国境の画定は多様な国家群との関わりの中で実施されていった。

第二の点をまとめる。一つは「竹島」〈ウルルン島〉についてである。「竹島」〈ウルルン島〉の放棄は、近世後期における領土の放棄の先例として認識され、千島《ちしま》列島のウルップ島の放棄を正当化する論拠になっていた。もう一つの樺太の国境の問題においても「竹島」〈ウルルン島〉の放棄の事例は参照されていた。しかし、樺太の場合には、それを「竹島」〈ウルルン島〉と同列に扱うことはできない、という主張の中で取りあげられていた。露使応接掛の川路聖謨《かわじとしあきら》が、朝鮮〈「竹島」〈ウルルン島〉〉とロシア〈ウルップ島〉は、「馬」と「虎」ほども違う、と考えていた点にも留意したい。

世界の中の日本

第三の世界史的な対立と東アジアにおける国際関係の変容についてまとめる。日本における「国境」と領土の画定を規定したのは、基本的には、英露対立という世界史的な対立と露清関係の変容という東アジアの国際関係の変容であった。前者〈英露対立〉と後者〈露清関係〉の結び付いた地域の中に日本は位置していたのである。この両者が結び付く契機は一八四〇年のアヘン戦争である。アヘン戦争によるイギリスの清国への進出はロシアにアムール地域への進出の必要性を喚起した。

さらに、両者が連動し日本を取りまく国際関係の変容を惹起したのは、一八五三年のクリミア戦争であった。この戦争は、ロシアにその植民地経営の重点をロシア領アメリカ〈アラスカ〉から沿海州地域に移行させる契機の一つとなった。これは、イギリスの東インド会社に対抗してロシアの植民地経営を担っていた露米会社の閉鎖と一八六七年のロシア領アメリカ〈アラスカ〉のアメリカへの売却につながる。一方で、沿海州地域への志向は一八六〇年の北京条約に結実した。

樺太・千島交換条約の交渉において、当初ロシアが千島列島のシュムシュ島とホロムシロ島の割譲を拒否していたにもかかわらず、最終的に日本が千島列島のすべてを獲得できたのは、ロシアが近東における紛争に巻き込まれつつあったことが関係していたが、基本的には既述のような、環太平洋（ロシア領アメリカの放棄）と東アジア（沿海州地域の獲得）の国境の変更に影響されていた。

ロシアの沿海州地域の獲得は、日本における朝鮮半島の意義を一変させることになった。沿海州地域がロシア領となり、東アジアにおけるロシアの次なる目標は朝鮮半島である、という認識が日本の中に醸成されていくことになる。

さらに明治維新後、日本の東アジア政策に影響を与えたのは、一八七一年にロシアが極東における拠点をニコラエフスクからウラジオストックに移転させたことである。それまでの北方からの南下、というロシアの脅威は、これによって北（樺太）と南（朝鮮半島）から日本が挟み込まれる、という危機感に変化する。このような中で日本の「竹島」（ウルルン島）への政策は展開していた。また、巨文島《きょぶんとう》のイギリスによる占拠が、明治政府に八重山《やえやま》地域に対する領有の志向を生じさせるなど、ロシアが沿海州地域を獲得したことによって生じた国際関係の変容は日本の国境の形成に影響を与え続けた。

その一方で、千島列島にはイギリス人（英領カナダ）やアメリカ人の毛皮獣の密猟者が大挙してやって来ていた。彼らはロシア領アメリカの売却によって弛緩した海洋秩序の再編の中でイギリス・アメリカ・ロシアの毛皮獣猟の規制により猟場を失い、千島列島にそれを求めたのであった。ここでもロシア領アメリカの売却による領土の変更が日本の「国境」の形成に影響を与えていた。

以上のように日本が国境と領土を画定する時期は、環太平洋地域と東アジア地域における国際関係の変容の時代だった。

本書で利用した史料について

（1） 本書で利用した史料の中でも特に頻出する史料について

本書では、東京大学史料編纂所の『大日本維新史料稿本』と『大日本維新史料』をできるだけ利用することを心掛けた。この二つの史料については、次の規則に従って注を付した。

『大日本維新史料稿本』→〈 〉の中に「冊数」と「丁数」を記す。たとえば、〈九八―二一二〉は、『大日本維新史料稿本』九八冊の二一二丁を意味する。また、本文中では『稿本』と略記する。

『大日本維新史料』→〔 〕の中に「編」と「冊数」と「頁数」を記す。たとえば、〔二―一―四一二〕は、『大日本維新史料』第二編第一冊四一二頁を意味する。

（2） アジア歴史資料センターで閲覧できる史料について

本書では、国立公文書館・外務省外交史料館・防衛省防衛研究所などの史料は、アジア歴史資料センターの表題とリファレンスコードを記載する。

注

第1章

(1)『琉球王庁評定所日記』〈一四—七九〉。『大日本維新史料稿本』(以下『稿本』と略記)の『琉球王庁評定所日記』は『稿本』の綱文である『維新史料綱要』(以下『綱要』と略記)では『琉球評定所記録』の題名で採録されている(『綱要』第一巻二五頁、弘化三年五月二四日条)。

(2)『島津家国事鞅掌史料』〈一六—一一~六〉。

(3)琉球国と吐噶喇列島の関係については、紙屋敦之「七島郡司考」(『南島史学』二五・二六合併号、一九八五年)、同「対明政策と琉球支配」(『幕藩制国家と異域・異国』校倉書房、一九八九年)、および真栄平房昭「トカラ海域史の視点」(『東北学』五号、二〇〇一年)を参照した。

(4)『島津家国事鞅掌史料』〈一六—一九〉。

(5)『島津家国事鞅掌史料』〈一六—一九~二二〉。

(6)近世前期において漂流船の飯米などの費用を長崎奉行所が唐船から徴収して支払う規定があったことは、中村質「漂流唐船の長崎回送規定と実態」(『近世対外交渉史論』吉川弘文館、二〇〇〇年)を参照した。また、清国の漂流民の取扱いについては琉球国からの直接送還と長崎回送の二つがあり、これらの関係について議論があるが、本書ではこの問題の解明を意図していない。漂流民の取扱いについては渡辺美季「中日の支配秩序と近世琉球—『中国人・朝鮮人・異国人』漂着民の処置をめぐって—」(『近世琉球と中日関係』吉川弘文館、二〇一二年)を参照した。

　琉球国が自らに所属する島々を三六島ある、としていたことはこの時が初めてではない。宮城栄昌は『中山伝信録』の中で奄美諸島が「東北八島」として記されていて、そこには薩摩藩への島々の「割譲」の事実を隠蔽する意図があったと示唆している(「三十六島」『国史大辞典』6巻、吉川弘文館、一九八五年)。

(7) 『島津家国事鞅掌史料』〈一六―一一九〜一二一〉。

(8) この三六島の島名が回答とともにフランス側に閏五月一六日に示されたことは、『島津家国事鞅掌史料』〈一六―一二〇〉に「去ル十六日別冊三十六島之名付朱星之分ハ前条之趣致演説、唐人ニ付相渡候処、片々仏字相付早速大総《（セシーユ）》兵船へ差遣候」により確認できる。「演説」が本文の回答の内容と推定される。

(9) ⑰「烏奇奴」が請島を意味することは「請島」(『鹿児島県の地名　日本歴史地名大系』四七巻、平凡社、一九九八年、八五一頁)による。『島津家国事鞅掌史料』〈一六―一二二〉。

(10) これは鹿児島藩世子島津斉彬が、弘化三年(一八四六)八月二八日、老中阿部正弘にセシーユの状況を報告した届書に記されている(『新伊勢物語』〈二七―一二〇〉)。

(11) この点については西里喜行「アヘン戦争後の外圧と琉球問題」(『琉球大学教育学部紀要』五七号、二〇〇〇年)および豊見山和行「琉球王国末期における対外関係」(『歴史評論』六〇三号、二〇〇〇年)を参照した。

(12) 『島津家国事鞅掌史料』〈一六―一一四〉。島津斉彬は、弘化三年(一八四六)三月、同様の願書を幕府に提出している(『島津家国事鞅掌史料』〈一六―一一一〉)。

(13) Correspondence relative to the naval expedition to Japan〈二七二―五三〜五五〉.

(14) 周煌と『琉球国志略』については、村尾進「周煌撰『琉球国志略』解題」(夫馬進編『増訂　使琉球録解題及び研究』榕樹書林、一九九九年)を参照した。

(15) 『ペリー日本行記』〈二七六―一三七〉。

(16) ペリーが周煌の『琉球国志略』のどの記述に反論したのかを具体的には確定することはできなかった。『琉球国志略』にとって琉球国の支配権が中国にあることは自明である。たとえば同書の「国統」の項は、清朝が「燕京」(北京)に都を定めたとき、琉球は率先して恭順して「襲封」を受け清朝の東南地域を守備した、と指摘する(『琉球国志略』については国立国会図書館所蔵本〈書誌ID000007585846〉を利用した)。

(17) 『ペリー日本行記』〈二七六―一三七〉、訳出には『ペルリ提督日本遠征記(二)』土橋喬雄・玉城肇訳、岩波文庫版

（一六二〜一六三頁）を参照した。

(18)『ペリー日本行記』〈二七六—一三八〉。

(19)『照国公文書 一』〈二九六—一〇六〉。この書翰の日付を七月一〇日としたのは『稿本』の編纂者の考察に依拠している（『稿本』〈二九六—一〇九〉）。

(20)太平天国の乱の情報が琉球国に与えた影響については、真栄平房昭「幕末期の海外情報と琉球—太平天国の乱を中心に—」（地方史研究協議会編『琉球・沖縄—その歴史と日本史像—』雄山閣、一九八七年）を参照した。

(21)この開国期における琉球国の所属問題については横山伊徳「日本の開国と琉球」（曽根勇二・木村直也編『新しい近世史②　国家と対外関係』新人物往来社、一九九六年）を特に参照した。本文の幕吏の琉球国の所属の評議は横山がすでに考察している。これに大きな示唆を受けた。

(22)「琉球之儀御尋之趣申上候書付」『続通信全覧編年』七四巻〈一五〇〇—七一〉。

(23)「琉球所属問題関係応接方書類」（洞富雄『ペリー日本遠征随行記』新異国叢書8、雄松堂書店、一九七三年）四五〇頁。

(24)『琉球異船渡来書類』〈四二二—五三〜五六〉。

(25)『続通信全覧編年』七四巻〈一五〇〇—七〇〉。

(26)『照国公文書』（島津家臨時編纂所編）二巻九丁。

(27)『昨夢紀事』（日本史籍協会、一九二〇年）一巻二一四頁。

(28)『斉彬公史料　市来四郎編安政元年』は「総覧」の安政元年（一八五四）五月二二日条に「公（斉彬）卯ノ上刻、阿部侯ノ官邸ニ臨ム、正弘（阿部）公（斉彬）ニ問フニ、若シ米人琉球日本領属否ヤヲ問ハ、、其答弁如何」とある（『鹿児島県史料　斉彬公史料第二巻』鹿児島県維新史料編さん所、一九八二年、九頁）。

(29)『維新史料綱要』巻一（維新史料編纂事務局、一九三七年）六〇八頁。

(30)『豆州下田港亜墨利加船』は東京大学史料編纂所の『徳川圀順家文書』（写真帳）に六冊所収されている。『稿本』が収録した琉球国の所属についての『豆州下田港亜墨利加船　坤』は『徳川圀順家文書』の第二六に所収されている。

(31) 『豆州下田港亜墨利加船　坤』〈四二二一—三四～三五〉。この(a)「下田応接之面々江」覚には幕府の「海岸防御筋御用」の役職にあった徳川斉昭の「琉球奪れ、松前奪れ候へハ内地ハ益六ケ敷候へハ三四頭之大名を琉球へ遣し手づよく今の中当付候てハ如何、小国之琉球さへ如右ニ致候ハ、内地へハ遠慮可致カ」との加筆がある。

(32) 『豆州下田港亜墨利加船　坤』〈四二二一—四一～四二〉。

(33) 『豆州下田港亜墨利加船　坤』〈四二二一—四一～四二〉。この「阿蘭陀人申渡覚書」について、オランダ人との「御目見」は貞享元年（一六八四）二月二八日であり、申し渡したのは三月五日との「御下札」が付されている（「水戸前中納《（徳川斉昭）》言殿御存念書写」『豆州下田港亜墨利加船　坤』〈四二二一—四七〉）。

(34) 真栄平房昭「一七世紀の東アジアにおける海賊問題と琉球」（『経済史研究』四号、二〇〇〇年）を参照した。

(35) 『通航一覧』六巻、二二五頁。

(36) 「ばはん」については曽根勇二「ばはん禁令について—家康・秀忠外交の一断面—」（田中健夫編『前近代の日本と東アジア』吉川弘文館、一九九五年）を参照した。

(37) 『通航一覧』六巻、二二五頁。

(38) 『豆州下田港亜墨利加船　坤』〈四二二一—三六〉。

(39) 『豆州下田港亜墨利加船　坤』〈四二二一—三九～四〇〉。

(40) 『豆州下田港亜墨利加船　坤』〈四二二一—二七～三八〉。

(41) 『続通信全覧編年』七四巻〈一五〇〇—六一～六九〉。この史料は、イギリス代理公使のニールが琉球の所属について幕府に照会したときに作成された史料群に所収されている（文久二年〈一八六二〉閏八月一九日条「幕府、英国代理公使『ニール』ノ質問ニ答ヘテ、琉球ノ我領土タルコトヲ声明ス」『維新史料綱要』巻四、一五三頁）。『明清乱中琉球之儀御伺公儀仰出始末之愚考』については真栄平房昭「明清動乱と琉球・日本」（中琉文化経済協会主編『第一届中琉歴史関係国際学術会議論文集』聯合報文化基金会・国学文献館出版、一九八八年、五一七～五一八頁）を参照した。真栄平は、この『始末之愚考』について明暦元年（一六五五）八月六日付で老中松平信綱に薩摩藩が提出した、と事実関係を示した上で「一六五五年（明暦元・順治十二）時点において、消極的にせよ幕府が琉清関係を公認したことは、明清動乱への幕藩制国家の対応過程において大きな画期となった」と、その意義を指摘している。

『明清乱中琉球之義御伺公義仰出始末之愚考』は、その草案が『琉球御掛衆愚按之覚　全』（『鹿児島県史料　旧記雑録拾遺　伊地知季安著作史料集　二』鹿児島県歴史資料センター黎明館、一九九九年）にある。

(42) 「招撫」とは招いて従わせる、という意味であり、「招撫」を行なう「招撫使」は辺境の国や人を説諭して帰順させる役職のことである（「招撫」『日本国語大辞典』小学館、一九七四年）。

(43) 明清交替と琉球国の関係については、西里喜行「土通事・謝必振とその後裔たち」（『琉球大学教育学部紀要』六〇号、二〇〇二年）と同「明清交替期の中琉日関係再考」（『国際沖縄研究』一号、二〇一〇年）を特に参照した。

(44) 「水戸前中納言殿御存念書」と「琉球之儀ニ付応接方大意」は『稿本』に収録された『豆州下田港亜墨利加船　坤』〈四二二一―四三〉を利用するが、これらの史料も前掲注(30)と同様に『徳川圀順家文書』第二六に収録されている。
徳川斉昭が幕府の対外政策に与えていた影響については拙者『開国と条約締結』（吉川弘文館、二〇一四年）を参照していただきたい。

(45) 『豆州下田港亜墨利加船　坤』〈四二二一―四八～五二〉。この「琉球之儀ニ付応接方大意」は洞富雄の復刻によって知られている（「琉球所属問題関係応接方書類」『ペリー日本遠征随行記』（雄松堂書店、一九七〇年、四四七～四四九頁）。
「水戸前中納言殿御存念書」の「情実」が「琉球之儀ニ付応接方大意」の一一条の中の一〇条にあたる。

(46) この史料は、比嘉春潮『新稿　沖縄の歴史』（三一書房、一九七〇年、三三七頁）、真栄平房昭「十九世紀の東アジア国際関係と琉球問題」（溝口雄三・浜下武志・平石直昭・宮嶋博史編『アジアから考える〔3〕　周縁からの歴史』東京大学出版会、一九九四年、二五三頁以下）などによって分析が加えられている。

(47) 「下田応接之面々江内々達」『豆州下田港亜墨利加船　坤』〈四二二一―四三〉。

(48) 『舊条約彙纂』三〈四二一七―一〇一〉。

(49) 『琉球評定所書類』〈五七七―四〉。

(50) 『琉球評定所書類』〈五七七―四〉。

(51) 琉球国の国境問題を考えるうえで琉蘭条約の締結が重要である点は、上原兼善の先駆的な研究（「開国と藩貿易」

『鎖国と藩貿易』八重岳書房、一九八一年、第四章第三節、二八七~三〇六頁)と横山伊徳の詳細な研究(「日本の開国と琉球」曽根勇二・木村直也編『新しい近世史② 国家と対外関係』新人物往来社、一九九六年)に示唆を受けた。琉蘭条約の重要性はこれらの先行研究によって明快に指摘されている。

上原兼善は「島津斉彬の構想と琉蘭条約」(『黒船来航と琉球王国』名古屋大学出版会、二〇二〇年、第二部第五章)で島津斉彬のオランダとの貿易構想とそれに関連した薩摩藩士市来正右衛門の琉球派遣について分析している。

(52) 「蘭国領事官キュルチウス書翰」『堀田正睦外国掛中書類』〈七〇三—七七〉。

(53) 「琉球国和蘭条約取締度趣加比丹申立候儀ニ付奉伺候書付」『堀田正睦外国掛中書類』〈七〇三—八一以下〉。

(54) この評議と奥右筆の判断についても横山伊徳の「日本の開国と琉球」(四〇〇~四〇二頁)を参照した。

(55) 『続徳川実紀 三』〈七四一—七五〉。

(56) 横山伊徳は、長崎奉行が安政四年(一八五七)六月にドンケル・クルチウスに琉球との条約について長崎で取り扱うことができない、と伝えたことを論証している。そして、琉球国を外国と位置づけることで国際的圧力を幕府が回避するという意図があった、と示唆している(前掲「日本の開国と琉球」三九六頁以下)。

(57) 『異国日記』〈七五三—九九〉。

(58) 『異国日記』〈七五三—一〇一〉。

(59) 『異国日記』〈七七八—八二〉。

(60) この史料については比嘉春潮が「仏蘭西・和蘭との修好条約」(『新稿 沖縄の歴史』三一書房、一九七〇年、三三五頁以下)および上原兼善が「開国と藩貿易」(『鎖国と藩貿易』八重山書房、一九八一年、二九三頁以下)で考察している。

(61) 『異国日記』〈七七八—一〇二〉。

(62) 『異国日記』〈七七八—一〇一〉。これは琉球国がオランダとの交易についての条約が他国に露見して、同様の条約の締結を求められるのを危具したからであった。

琉球国はフランスへの最恵国待遇を懸念していた(「他国江相加ハ、猶又仏国江も可相加」『異国日記』七七八—九八）。

(63)『鹿児島県史料　斉彬公史料　第二巻』四九三号、八二五頁。

(64)『鹿児島県史料　斉彬公史料　第二巻』四九三号、八二六頁。

第2章

(65)『幕末外国関係文書』八巻一九三号。

(66) 秋月俊幸『日露関係とサハリン島』筑摩書房、一九九四年、一一七頁、榎森進「日露和親条約と幕府の領土観念」渡辺信夫編『近世日本の民衆文化と政治』河出書房新社、一九九二年、四〇頁。

(67)『幕末外国関係文書』三巻四一号。

(68)『幕末外国関係文書』三巻一五号。

(69)『西征紀行』（『幕末外国関係文書　附録之一』）嘉永六年一二月一〇日条。

(70) 杉谷昭「嘉永・安政期の日露交渉」箭内健次編『鎖国日本と国際交流』下巻、吉川弘文館、一九八八年。

(71)『西亭私記』（北海道立図書館複写本）嘉永六年一二月一九日条。この箕作と千住の話し合いについては『西征紀行』（嘉永六年一二月一九日条）も参照した。

(72)『遭厄紀事』の書誌情報については同書の井上満の解説を参照した。

(73)『西征紀行』嘉永六年一二月一二日条。

(74)『日本幽囚記　下』九〜一〇頁。

(75)『日本幽囚記　下』一九三〜一九四頁。

(76) ラペルーズについては『ラペルーズ　太平洋周航記』上・下（岩波書店、二〇〇六年）の筆者である佐藤淳の「解説　ラペルーズあるいは『啓蒙』の大航海者」を参照した。

(77)『幕末外国関係文書』四巻一四号・一六号。

(78)『西使日記』（『幕末外国関係文書　附録之一』）安政元年一月三日条、二五八〜二五九頁。

(79) 松前奉行の戸川安論が文化元年（一八〇四）に提出した書類では、三つの情報が注目された。第一は、「宝暦始之頃迄」は宗谷で樺太のアイヌが「山丹人」と交易したものを運んできてここで松前から来た者と交易していた。第二は、「宝暦年間」に松前藩が家来を樺太に派遣するようになった。第三は、「寛政之始」に樺太に家屋が建設されて家来が差し遣わされるだけでなく漁業をする場所請負商人の番人が越冬するようになった（「カラフト島の儀ニ付取調書」『幕末外国関係文書』八巻二二三号）。

(80) 『幕末外国関係文書』四巻三八一号および『松平乗全関係文書』（東京大学史料編纂所）一五五号。

(81) これについては山本美子「近世の長崎の警衛について」（岩生成一編『近世の洋学と海外交渉』巌南堂書店、一九七九年）の分析を参照した。

(82) 『新訂増補国史大系　徳川実紀　第三篇』吉川弘文館、一九九八年、七三四頁。

(83) 清朝のサハリン島におけるアイヌ支配については松浦茂の「アムール川中・下流地方の辺民組織」と「清朝のアムール地方統治」『清朝のアムール政策と少数民族』（京都大学学術出版会、二〇〇六年）第七章・第十章により分析が加えられている。

(84) 庵原家については「庵原菡斎の略歴」（『日本農書全集　2』農山漁村文化協会、一九八〇年）に所収された「安政二年亀尾疇圃栄」についての高倉信一郎の解題を参照した。

(85) 「松前江出張官吏之内庵原数名有之候旨御問合ニ付左之通リ御答仕候」『国事記』〈六一九―四六～四九〉。この書類は本文中で示した庵原亮平が箱館奉行竹内忠徳の従者として箱館に赴くときに作成された。

(86) 『六ケ場所金銀銅鉛鉄其外諸産物出所見置　日記』〈六一九―一〉。この日記は、安政三年（一八五六）一月一三日から一月二七日まで箱館周辺の鉱物資源の調査を記したもので、二月二一日に水戸藩の原田兵介と富田善右衛門に送られた。

(87) 『蝦夷地一件』（『新北海道史　第七巻　史料一』）三二五頁。

(88) 「庵原弥六墓碑」（北海道大学北方資料室、旧記八五六）。

(89) 『幕末外国関係文書』七巻補遺二一号。

(90) この松前藩の今井八九郎の調査については谷澤尚一と佐々木利和の共同研究を参照した（「今井八九郎の事蹟」『北海道の文化』四一号、一九七九年）。

(91) 『幕末外国関係文書』七巻補遺二二号。

(92) 依田治郎祐『唐太嶋日記』（北海道大学北方資料室、旧記二七二）安政元年七月三〇日条。

(93) 『今井信名経歴一班』（今井八九郎北方測量関係資料、東京国立博物館、P—1105）。

(94) 『幕末外国関係文書』七巻補遺二〇号。

(95) 『幕末外国関係文書』八巻五二号。

(96) 『二国会盟録』については楠木賢道「『二国会盟録』からみた志筑忠雄・安部龍平の清朝・北アジア理解」（『社会文化史学』五二号、二〇〇九年）を参照した。『二国会盟録』が翻訳される契機がレザーノフ来航であったことも付記しておきたい。また、川路聖謨が『下田日記』の中で『二国会盟録』に言及していることは後掲の注(97)の鳥井裕美子の研究による。

(97) 志筑忠雄については沼田次郎「志筑忠雄とその時代」（『歴史と人物』吉川弘文館、一九六四年）と同「蘭学の発達と普及」（『洋学』第四章、吉川弘文館、一九八九年）を参照した。安部龍平については大熊浅次郎「筑前藩蘭学の泰斗阿部龍平」（『筑紫史談』八二号、一九四二年）・鳥井裕美子「安部龍平」（朝日新聞福岡本部編『博多町人と学者の森』葦書房、一九九六年二月、一六一～一六三頁）を参照した。安部龍平をめぐる蘭学者との人間関係については松本英治「福岡藩の蘭学者青木興勝の長崎遊学と対外認識」（『国立歴史民俗博物館研究報告』一一六号、二〇〇四年）を参照した。

(98) 『川路左衛門尉聖謨日記』（『幕末外国関係文書　附録之二』）安政元年一一月二九日条、一三五～一三七頁。

(99) 『奉使日本紀行』はプチャーチンとの領土交渉のための情報源の一つとなっていた。村垣範正は、安政元年（一八五四）二月一四日、老中阿部正弘に「奉使日本記《（紀）》行高橋作左衛門《（景保）》御取上之品、和解被　仰付候様申上」と『奉使日本紀行』の翻訳を進言した。これはシーボルト事件のときに高橋景保から没収したものだった（『村垣淡路守範正公務日記之二』『幕末外国関係文書　附録之二』四三～四四頁）。高橋景保の家宅捜索で没収されたリストの中に『クルーセンステルン紀行書』がある(上原久『高橋景保の研究』文献講談社、一九七七年、三三二頁)。これは箕作阮甫と宇田川興斎によって翻訳され樺太の「東北之方ニ港有之、大村ニテ韃靼人体之者住居致し候」という箇所に留意したことを筒井政憲や川路聖謨らが、安政元年(一八五四)一二月一三日、石川政平・松平近直に提出した「カラフト島の儀ニ付取調書」で記している(『幕末外国関係文書』八巻二三三号)。

(100) 『奉使日本紀行』(『海事史料叢書』住田正一編纂、一三巻、一九三〇年)四四一頁。

(101) この問題については郡山良光「ゴロヴニーンの拘束と国境問題の提起」(『幕末日露関係史研究』第一部第五章第四節、国書刊行会、一九八〇年)を参照した。

(102) 『通航一覧』八巻(国書刊行会、一九一三年)、八四頁。

(103) 『通航一覧』八巻、一一五頁。

(104) 『通航一覧』八巻、一一九～一二〇頁。

(105) 『通航一覧』八巻、一二一頁。

(106) 「エトロフ勤番ニ付御渡之書面写」(北海道大学北方資料室)奥平家〇一九。

(107) 『天保七年申六月エトロフ御用記』(北海道大学北方資料室)奥平家〇二〇。

(108) 「江登呂府《エトロフ》島ヨリカムサスカ迄島々ノ図」〔図類一〇四三〕北海道大学。

第3章

(109) 『烈公親批　海防建議　三』(『徳川圀順家文書』第四四)四〇丁。

(110) 『幕末外国関係文書』八巻二二号。

(111) 『海防建議 二』〈四二四―六四〉。松平近直と川路聖謨が幕政改革案を入手したのは五月二三日である。

(112) 池内敏「一七―一九世紀鬱陵島海域の生業と交流」(『歴史学研究』七五六号、二〇〇一年)を参照した。

(113) 『松前箱館雑記』〈七三〇―七一〉。

(114) 『松前箱館雑記』〈七三〇―七二〉。

(115) 「竹島」（ウルルン島）への長州藩の関与については岸本覚「幕末海防論と「境界」意識」（『江戸の思想』九号、一九九八年）を参照した。
(116) 『山口藩諸士簡牘写』〈九一九―一七七〉。
(117) 『山口藩諸士簡牘写』〈九一九―一九〇〉。
(118) 『小笠原島紀事』〈一三三四―一五〉。
(119) 『小笠原島紀事』〈一三四二―一〇一〉。
(120) 『続通信全覧』〈一三五七―四七〉。
(121) 『小笠原島紀事』〈一三六七―六〉。
(122) 『小笠原島開拓再興一件』〈一三六八―四六〉。
(123) 『小笠原島紀事』〈一三六六―四一〉。
(124) 『小笠原島紀事』〈一三八〇―三四〉。
(125) 『小笠原島紀事』〈一三八四―三九〉。
(126) 『続通信全覧類輯』〈一三八六―四一〉。
(127) 『柳営秘書』〈一四二八―一一一〉。
(128) 『小笠原島紀事』〈一四八七―七八〉。
(129) 『新家雑記』〈一四八七―八八〉。
(130) 『小笠原島紀事』〈一四八〇―二〉。
(131) 『小笠原島拓島再興一件』〈一七三二―五四・六一〉。
(132) 『木村摂津守喜毅日記』（塙書房、一九七七年）文久三年五月二〇日条。

第4章

(133) 「鹿児島県ヨリ差出候琉球一条取調書写」『琉球関係雑件／琉球藩取扱書』（外務省外交史料館）Ref.B03041134500―

0013～0015.

(134)『日本外交文書』五巻一七七号、三七八～三八四頁。

(135)『日本外交文書』五巻一七九号、三八五～三九一頁・一八四号、三九三～三九四頁。

(136)『日本外交文書』五巻一七三号、三七三～三七六頁。

(137)『日本外交文書』五巻一七八号、三八四～三八五頁。

(138)『日本外交文書』六巻一七一号、三七八頁。

(139)『日本外交文書』六巻一七〇号、三七七頁。この五島への国旗の掲揚については、真栄平房昭「近代日本における境界の島々」(『歴史学研究』九〇八号、二〇一三年)を参照した。

(140)「琉球藩之儀内務省ニテ管理為致度旨上申」『琉球関係雑件／琉球藩取扱書』Ref.B03041136000431.

(141)『日本外交文書』七巻一号、一～三頁。

(142)『副島大使適清概略』明治六年六月二一日条(『明治文化全集　第六巻　外交篇』一九二八年、七一頁)。『副島大使適清概略』の明治六年六月二一日条はその一部が省略されている。省略されている部分については『井上毅文書』(リール一〇、『梧陰文庫』A―四三三)に所収されている『副島大使上申書』(明治六年八月八日)を参照した。

(143)『大久保利通日記』(『鹿児島県史料　大久保利通史料一』)明治七年二月六日条。

(144)『大久保利通日記』明治七年一〇月二五日条。

(145)『大久保利通日記』明治七年一〇月一一日条。

(146)『日本外交文書』七巻九五号、一五五～一五七頁。

(147)「琉球藩処分方之儀ニ付伺」『公文録』(国立国会図書館)Ref.A01100061700―1～7.

(148)「琉球藩処分方ノ儀ニ付再応上申」『公文録』Ref.A01100109300―1～7.

(149)「琉球藩処分方ノ儀ニ付再応上申」『公文録』Ref.A01100109300―2～3.

(150)『日本外交文書』八巻一三八号〔附属書二〕三一三～三一九頁。

(151)内務卿の大久保利通が池城親方らと会談した日付については、大久保の日記と「琉球藩官員へ説諭往答ノ始末」

（『日本外交文書』八巻一三八号〔附属書二〕）に相違があるが日記によった。
(152)『日本外交文書』八巻一三七号、三一一〜三一二頁。
(153)『日本外交文書』八巻一三八号〔附属書三〕三一九頁・一四一号、三二五〜三二六頁。
(154)『日本外交文書』八巻一四三号、三二七〜三三二頁。
(155)『日本外交文書』八巻一四三号、三二八頁。
(156)『日本外交文書』八巻一四三号、三三〇〜三三一頁。
(157)『日本外交文書』八巻一四五号〔附属書二〕三三六〜三三七頁。
(158)『日本外交文書』八巻一四五号〔附属書三〕三三七〜三三八頁。
(159)『公文別録』（国立公文書館）Ref.A03022996200—5.
(160)「明治八年五月二十日於外務省寺島外務卿英国公使パークス応接記之内」『琉球関係雑件／琉球藩関係書類』（外務省外交史料館）Ref.B03041144500—0268.
(161)「明治八年八月廿三日於本省寺島外務卿英国公使パークス応接記之内」『琉球関係雑件／琉球藩関係書類』Ref.B03041144500—0277.
(162)「1．自明治八年至明治十年／2．明治九年一月一三日から明治十二年八月二九日」『琉球関係雑件／琉球藩関係書類』Ref.B03041144600—0288.
(163)『日本外交文書』一〇巻九二号、一九九頁。
(164)「第三十八号　明治十一年九月三日寺島外務卿与清国公使何如璋対話」「琉球一件交渉対話記録」『宍戸璣関係文書』（国立国会図書館憲政資料室）五六—二（マイクロフィルムR８・〇一四〇〜〇一四二）。
(165)「第三十八号対話書附録　九月十八日宮本大書記官清国公使館へ罷越候節同国公使何如璋より対話大意」『宍戸璣関係文書』五六—二（R８・〇一四四以下）。
(166)「明治十一年九月廿七日　寺島外務卿与清国公使何如璋対話大意ノ中　琉球事件書抜」「琉球一件交渉対話記録」『宍戸璣関係文書』五六—二（R８・〇一四五〜一五三）。

(167)「明治十一年九月廿七日寺島外務卿と清国公使何如璋対話大意之中　琉球事件書抜」「琉球一件交渉対話記録」『宍戸璣関係文書』五六―二(R8・〇一四五～一五三)。
(168)「大清欽差大臣何副使張」「照会　琉球一件　日清交換公文写」『宍戸璣関係文書』五六―一(R8・〇一一五～〇一一七)。
(169)「第三十号　清国特命全権公使何如璋同副使張斯桂両閣下外務卿」「照会　琉球一件　日清交換公文写」『宍戸璣関係文書』五六―一(R8・〇一一八～〇一二〇)。
(170)寺島宗則外務卿と何如璋の交渉については我部政男「条約改正と沖縄問題」(『史潮』一〇七号、一九六九年)を参照した。
(171)「朝命遵奉ノ事ヲ琉球藩主ニ督責シ該藩吏東京在番ヲ廃ス」『公文別録』(国立公文書館)Ref.A03022997600―2～14.
(172)「内務大書記官松田道之ヲ琉球藩ニ派遣ス」『公文別録』Ref.A03022997700―1.
(173)「松田内務大書記官奉使琉球始末」『第二回奉使琉球始末』(国立公文書館)Ref.A03022998000―9.
(174)「松田内務大書記官奉使琉球始末」『第二回奉使琉球始末』Ref.A03022998000―13～14.
(175)「松田内務大書記官帰京復命書」『公文別録』Ref.A03022997900―5～8.
(176)「松田内務大書記官ヨリ廃藩処分ノ事情ヲ内務卿ニ報告ス」『公文別録』Ref.A03022999000―3.
(177)「松田内務大書記官ヨリ廃藩処分ノ事情ヲ内務卿ニ報告ス」『公文別録』Ref.A03022999000―6～7.
(178)「松田内務大書記官ヨリ廃藩処分ノ事情ヲ内務卿ニ報告ス」『公文別録』Ref.A03022999000―8～9.
(179)「松田内務大書記官ヨリ旧藩王上京延期嫡子中城王子ノ上京ヲ許可セシ旨電報」『公文別録』Ref.A03022999200―1～2.このあとの尚泰の上京については、天皇との拝謁も含め川畑恵『尚泰』(山川出版社、二〇一九年)に詳しい。
(180)「中東合従説」『西海新聞』明治一三年三月三一日付。
(181)「魯支ノ近況」『西海新聞』明治一三年四月二七日付・四月二九日付。
(182)「全権公使宍戸璣宛　外務卿井上馨内訓条　琉球一件及ビ増加条約ノコト」『宍戸璣関係文書』五六―九(R8・〇二八七―〇二九四)。

(183) 日本は「内地通商ノ件」を条約にある「均霑」によって獲得する。『日本外交文書』一三巻一一九号〔附属書〕三七七～三七八頁・〔附記〕三七八～三七九頁。

(184) 『日本外交文書』一三巻一三〇号、三七九～三八〇頁。

(185) 『日本外交文書』一三巻一三三号、三八四～三八六頁。

(186) 「六二　竹添天津領事ヨリ井上外務卿宛」『伊犂地方ニ於ケル境界問題ニ関シ露清両国葛藤一件』(外務省外交史料館)Ref.B03041149800—0192～0194.

(187) 「六五　竹添天津領事ヨリ井上外務卿宛」『伊犂地方ニ於ケル境界問題ニ関シ露清両国葛藤一件』Ref.B03041149800—0197～0200.

(188) 「七四　竹添親一郎氏(天津領事)ヨリ伊藤参議及井上参議宛」『伊犂地方ニ於ケル境界問題ニ関シ露清両国葛藤一件』Ref.B03041149800—0205～0206.

(189) 琉球問題とイリ問題の関係については、西里喜行『清末中琉日関係史の研究』(京都大学学術出版会、二〇〇五年)、山城智史「琉球分割条約にあたえるイリ条約の影響」(『沖縄文化研究』三〇号、二〇〇四年)、同「日清琉球帰属問題と清露イリ境界問題」(『沖縄文化研究』三七号、二〇一一年)を参照した。

(190) 『元勲・近代諸家書簡集成』(佛教大学近代書簡研究会、思文閣出版、二〇〇四年)七八～八三頁。

(191) 「大東島巡視取調概略」(防衛省防衛研究所)Ref.C11019564600—9437～0445.

(192) 「大東島巡視取調概略」Ref.C11019564600—0445.

(193) 「大東島廻航記」『鎮西日報』明治一八年九月一八日・一九日付。

(194) 「大東島巡視済ノ儀ニ付上申」(防衛省防衛研究所)Ref.C11019564600—0435～0436.

(195) 「沖縄県久米赤島、久場島、魚釣島へ国標建設ノ件」『帝国版図関係雑件』(外務省外交史料館)Ref.B03041152300—0013.

(196) 宮田俊彦「中山伝信録《ちゅうざんでんしんろく》」(『国史大辞典』九巻、吉川弘文館、一九八八年、四九八頁)、豊見山和行「冊封使・徐葆光の記録『中山伝信録』と琉球」(『国文学　解釈と鑑賞』七一—一〇、至文堂、二〇〇六年)、岩井茂樹「徐葆光—琉球

を訪れた康熙帝の使者―」(木田知生・檀上寛編『中国人物列伝』恒星出版、二〇〇五年)を参照した。

(197) 「沖縄県久米赤島、久場島、魚釣島へ国標建設ノ件」『帝国版図関係雑件』Ref.B03041152300―0019.

(198) この一一月二四日付の西村の上申書には「国標建設ノ儀ハ當テ伺置候」とあるが、これは彼が一一月五日付で山県に提出した「魚釣島外二島実地取調ノ義ニ付上申」を指している(「沖縄県久米赤島、久場島、魚釣島へ国標建設ノ件」Ref.B03041152300―0038)。この書類にはこれらの島々の所属について清国との関係を考慮して「不決断ノ語」で慎重な上申をした、とある。これは西村が九月二二日付で山県に提出した「久米赤島外二島取調之儀ニ付上申」(同上Ref.B03041152300―0013)である。

(199) 「沖縄県久米赤島、久場島、魚釣島へ国標建設ノ件」『帝国版図関係雑件』Ref.B03041152300―0024～0028.

(200) 「沖縄県ト清国福州トノ間ニ散在スル無人島へ国標建設ノ件」『公文別録』Ref.A03022910000―2.

(201) 「沖縄県久米赤島、久場島、魚釣島へ国標建設ノ件」『帝国版図関係雑件』Ref.B03041152300―0039.

(202) 「沖縄県下八重山群島ノ北西ニ位スル久場島魚釣島へ標杭ヲ建設ス」『公文類聚』Ref.A01200793600―1～4.

(203) この点については真栄平房昭「近代日本における境界の島々」(『歴史学研究』九〇八号、二〇一三年)を参照した。真栄平は宮古島や八重山への日本の領有の志向と巨文島の問題の関係を示唆している。

(204) 「名士書翰」(山県有朋書翰)『井上馨関係文書』(国立国会図書館憲政資料室)六二一―二。

(205) 「沖縄県航行汽船ノ件」『公文別録』Ref.A03022909900―2～4.

(206) 「英露事情切迫」『鎮西日報』明治一八年四月二六日付。

(207) 「英露の関係朝鮮に波及す」『鎮西日報』明治一八年五月一日付。

第5章

(208) 谷暘卿については日本国有鉄道史料整備懇談会『鉄道の先覚　谷暘卿の生涯』(交通協会、一九五九年)に詳述されている。

(209) 『鳥取藩明治庚午京摂風聞』〈四〇六八―六八～七一〉。『鳥取藩明治庚午京摂風聞』に採録された「再応奉建言候無

人島開拓事」を明治二年一〇月と推定したのは、民部省が、明治三年六月一〇日、外務省に送付した書類(『日本外交文書』六巻一八〇号〔附記二〕三九三〜三九四頁)に「去巳十月中谷暘卿建白に因て無人嶋開拓御準許」とあることによる。「再応奉建言候無人島開拓事」には「願之通被　仰付候事」とあり、これが許可されたことが分かる。

(210)『日本外交文書』六巻一八〇号〔附記一附属書〕三九四〜三九五頁。

(211)『日本外交文書』六巻一八〇号〔附記一附属書〕三九四〜三九五頁。

(212)『日本外交文書』六巻一八〇号〔附記一〕三九三〜三九四頁。

(213)『日本外交文書』六巻一八〇号〔附記二〕三九五頁。

(214)『日本外交文書』六巻一八一号、三九七〜三九八頁。

(215)『日本外交文書』六巻一八四号、四〇三〜四〇四頁。

(216)『日本外交文書』六巻一八五号、四〇四頁。

(217)『日本外交文書』六巻一八六号、四〇四〜四〇五頁。

(218)『日本外交文書』七巻二三六号、四五〇〜四五六頁。

(219)『日本外交文書』八巻一四九号〔附属書〕三五三〜三五四頁。

(220)『日本外交文書』八巻一五〇号、三五四〜三五五頁。

(221)『日本外交文書』八巻一五二号、三五七〜三五九頁・一五三号、三五九頁。

(222)「明治八年八月廿三日於本省寺島外務卿英国公使パークス応接記」『明治八年対話書　三』(外務省外交史料館)Ref. B03030091500—0378〜0379.

(223)『日本外交文書』八巻一五八号、三六二〜三六三頁。

(224)『日本外交文書』八巻一六三号、三六六〜三六七頁。

(225)『七一新報』(明治一五年九月一五日付)の「雑報」には、「小笠原島民(西洋人にて我ガ戸籍に入りたる者)にて北海道へラッコ猟として出稼せし」とある。

(226)「松島日記」『西海新聞』明治一二年九月二四日付。「松島日記」は『西海新聞』の明治一二年九月二四付・九月二

六日付・一〇月一日付・一〇月六日付・一〇月一〇日付の五回にわたり掲載されている。「松島日記」の表題は九月二四日付には付されていないが、九月二六日付に「松島日記前号の続き」と表記されているのを採用した。

(227) 「松島日記」『西海新聞』明治一二年九月二六日付。

(228) 「松島日記」『西海新聞』明治一二年一〇月一日付。

(229) 「松島日記」『西海新聞』明治一二年一〇月六日付。

(230) 「松島日記」『西海新聞』明治一二年一〇月一〇日付。

(231) 「甲号」がサンクト・ペテルブルクにおける榎本武揚の交渉記録であることは「外務省上申」に「甲号ノ通露都ニ於テ榎本武揚談判ノ趣モ有之候」とあることによる。「魯領「ウラジワストック」へ我領事館ヲ置」『太政類典』(国立公文書館)Ref.A01000011700—2.

(232) 「魯領「ウラジワストック」へ我領事館ヲ置」『太政類典』Ref.A01000011700—2〜6.

(233) この領事館の建設を求めた原田茂吉郎と有田猪之助は北海道の海産物(主に昆布)を清国に輸出するために立ち上げられた広業商会の手代たちであった。この商会の会長は薩摩出身の笠野熊吉である。広業商会と笠野家については「笠野吉次郎」(篠田城南編輯『実業立志　日本新豪傑伝　全』偉業館、一八八二年)を参照した。

(234) この瀬脇寿人のウラジオストック派遣については、加藤九祚が「浦潮物語」と題した連載の中で『烏刺細窊斯杜屈見聞雑誌』として復刻した瀬脇の日記を利用する(「瀬脇寿人とそのウラジボストク紀行」『ユーラシア』一九七二年春号)。この史料の原本は「外務省七等出仕瀬脇寿人外一名商況視察トシテ露国領「ポシエット」へ派出ノ件」(外務省外交史料館、Ref.B16080698700)である。
瀬脇のウラジオストックでの活動については原暉之の「一衣帯水」(『ウラジオストク物語』第七話、三省堂、一九九八年)に多くを負っている。瀬脇寿人(手塚律蔵)と彼の交友関係については妻木忠太「隠れたる手塚律蔵「瀬脇寿人」」(上・中・下)『防長新聞』昭和五年三月二一日付・三月二三日付・三月二四日付、岩崎克巳「手塚律蔵と瀬脇寿人」(温知会講演速記録、五八輯、一九三八年)、小川亜弥子「「佐倉出ノ人」手塚律蔵と洋学」(『佐倉市史研究』二二号、二〇〇九年）を参照した。

瀬脇の「松島」（ウルルン島）への関与については、田保橋潔「鬱陵島―その発見と領有―」（『青丘学叢』三号、一九三一年、一二二〜三〇頁）ならびに桜井義之「手塚律蔵の『鶏林事略』」（書誌篇二「蘭英学者の朝鮮研究―手塚律蔵と榎本武揚―」一九五九年、『明治と朝鮮』、桜井義之先生記念会、一九六四年所収、一二五〜一三一頁）を参照した。
(235)『烏剌細窊斯杜屈見聞雑誌』明治八年四月二八日条。
(236)『烏剌細窊斯杜屈見聞雑誌』明治八年四月二八日条。
(237)『烏剌細窊斯杜屈見聞雑誌』明治八年五月一三日条。
(238)『寺島宗則関係資料集』下巻（示人社、一九八七年）、一〇〇（瀬脇寿一）―1号。
(239)『寺島宗則関係資料集』下巻、一〇〇〔瀬脇寿一〕―2号。
(240)『竹島考證』下巻、第一四号（国立公文書館、Ref.A04017259200.）。
(241)『寺島宗則関係資料集』下巻、一〇〇〔瀬脇寿一〕―3号。
(242)『日本外交文書』九巻二六号、一一四〜一一九頁。
(243)『日本外交文書』九巻三九号〔附属書〕一四三〜一五一頁。
(244)『日本外交文書』九巻四一号、一六三〜一六四頁。
(245)『日本外交文書』九巻九号、四四〜四九頁。
(246)『日本外交文書』九巻三〇号、一二二〜一二九頁。

第6章

(247)『明治七年　演説書　樺太詰大主典原元貞』（北海道立図書館所蔵、北海道大学北方史料室複写本、樺・951・6 Har）九〜一二丁。
(248)『明治七年　演説書　樺太詰大主典原元貞』七〜九丁。
(249)『明治七年　演説書　樺太詰大主典原元貞』一七丁。

(250) 原らの引き揚げの際にはアイヌたちに「御手当」が渡されるのであるが、その中には「幌渓《(ホロコタン)》役土人」の記載があり、さらには「現ニ我カ支配ヲ受テ我カ戸籍ニ在ル者」としてウショロは二二九人(男性一二四人・女性一〇五人)、ホロコタンは七一人(男性三五人・女性三六人)とある(『明治七年　演説書　樺太詰大主典原元貞』七丁)。

(251) 『明治七年　演説書　樺太詰大主典原元貞』三六〜三八丁。

(252) 『明治七年　演説書　樺太詰大主典原元貞』四二丁。

(253) 『酒井忠美家記』〈三三二四―五九〜六三〉。

(254) 「開拓使へ願書指令ノ写」『明治十四年　宇野佐兵衛外一名旧樺太漁具一件判決書類』北海道立文書館(簿書番号四五一五)一九〇丁。

(255) 「日記」(『花房義質関係文書』外務省外交史料館、F―24)明治七年一一月一四日条。

(256) 『明治七年樺太を中心とした日露折衝に関する文書』(樺・327・Me 北海道大学北方資料室)四丁。

(257) 『日本外交文書』七巻二三三号、四四四〜四四七頁。

(258) 『日本外交文書』八巻七一号〔附属書〕一七四〜一七八頁。

(259) 『日本外交文書』八巻七四号〔附属書一〕一八五〜一八九頁。

(260) 『日本外交文書』八巻七五号〔附属書〕一九三〜一九五頁。

(261) 『日本外交文書』八巻九一号、二一五〜二二二頁。

(262) 「日記」(『花房義質関係文書』F―25)、明治八年五月七日条。

(263) 『日本外交文書』八巻一二八号、二七四頁。

(264) 『樺太土人御移転一件一纏』(北海道立文書館、簿書番号一二七四)三二六丁。

(265) 『日本外交文書』八巻一二九号〔附属書三〕二七八〜二七九頁。

(266) 『日本外交文書』八巻一二九号〔附属書四〕二八五頁。

(267) 『明治九年　千島三郡取調書　千島着手見込書』『日本庶民生活史料集成』四巻(三一書房、一九六九年)二七二頁。

(268) 『復命書』(〈千島州派出委員八等属井深基〉『北海道史料八』『府県史料・北海道　二』)所収。

(269)「明治十二年七月二日占守郡第一嶋居民ニ尋問ノケ条並答」『明治十二年　折田権大書記官千島巡回書類』『北海道史料八』所収。

(270)『明治十二年　折田権大書記官千島巡回書類』『北海道史料八』所収。

(271) アレクサンドルは明治一五年の春季に欠乏した物品を調達するために獣皮を携帯してカムチャッカ半島のヤウインに行った。彼は、そこで樺太・千島交換条約後にロシアへ移住した「前酋長」のキプリアンらと会い、彼を含む七人と戻って来ることになる（斎藤落羽「千島伝道の顛末（承前）」『正教新報』六三八号、明治四〇年七月、一一頁）。この「千島伝道の顛末」は同紙の六三七号（明治四〇年六月一五日）と連続する記事で、著者の斎藤落羽は明治三九年（一九〇六）一〇月から明治四〇年一〇月までシコタン島に派遣されていた正教会の斎藤東吉のことである。彼が斎藤落羽のペンネームで『正教新報』に寄稿していたことは『フェオドル斎藤東吉自伝』（聖公会出版、一九八九年、一〇四頁）に記されている。

(272)『明治一五年　千島国占守郡巡回書』『北海道史料八』所収。

(273) 田口政五郎『北海道紀行　上』（『安場保和関係文書』東京大学法学部附属近代日本法政史料センター原資料部）七月一日条。

(274)「ラサヲ島土人訊問調書」『千島洲関係書』（北海道大学、別・千島915―HA）。

(275)『千島巡航書類』（北海道立図書館）317 ka 164.

〔付記〕 本書は、小野将「史料編纂所所蔵維新関係貴重史料の研究資源化」（東京大学史料編纂所特定研究）、中村和之「サハリンアイヌの交易と文化変容、その学際的研究」（科学研究費補助金・基盤研究B）、麓慎一「環太平洋における海洋秩序の崩壊および再編と日本」（科学研究費補助金・基盤研究C）の研究成果である。

参考文献

赤尾藤市「仏国の琉球開港要求と江戸幕府の対策」『史林』二五号、一九四〇年
赤嶺守「王国の消滅と沖縄の近代」豊見山和行編『琉球・沖縄史の世界』吉川弘文館、二〇〇三年
秋月俊幸『日露関係とサハリン島』筑摩書房、一九九四年
東俊佑「北蝦夷地在住・栗山太平の活動」『北海道開拓記念館研究紀要』三四号、二〇〇六年
阿部敬介『北氷洋洲アラスカ沿海見聞録』東京地理学協会、一八九五年
池内敏「竹島一件の再検討─元禄六～九年の日朝交渉─」『名古屋大学文学部研究論集』史学四七、二〇〇一年
池内敏「一七─一九世紀鬱陵島海域の生業と交流」『歴史学研究』七五六号、二〇〇一年
池内敏「解体期冊封体制下の日朝交渉」『朝鮮史研究会論文集』四一、二〇〇三年
石原俊「忘れられた〈植民地〉─帝国日本と小笠原諸島─」『立命館言語文化研究』一九─一、二〇〇七年
石原俊『近代日本と小笠原諸島』平凡社、二〇〇七年
井上勝生『幕末・維新』岩波書店、二〇〇六年
井上勝生『万国公法』田中彰『開国』、岩波書店、一九九一年
岩生成一「忘れられた歴史・地理学者北沢正誠」『日本学士院紀要』四二─一号、一九八七年
植田捷雄「琉球の帰属を繞る日清交渉」『東洋文化研究所紀要』二冊、一九五一年
榎森進「日露和親条約と幕府の領土観念」渡辺信夫編『近世日本の民衆文化と政治』河出書房新社、一九九二年
榎森進「「カラフト島仮規」調印前後における幕府の「北蝦夷地」政策を巡って」『東北文化研究所紀要』五三号、二〇一二年
加藤九祚「瀬脇寿一とその『ウラジオストク見聞雑誌』」『シベリア記』第一章第二節、潮出版社、一九八〇年
我部政男「条約改正と沖縄問題」『史潮』一〇七号、一九六九年

我部政男「琉球処分」『日本歴史大系　4　近代Ⅰ』山川出版社、一九八七年
我部政男「明治一〇年代の対清外交―『琉球条約』の顚末をめぐって―」『日本史研究』一一九号、一九七一年
紙屋敦之「七島郡司考―明清交替と琉球支配―」『南島史学』二五・二六号、南島史学会、一九八五年
紙屋敦之「琉球使節の解体」『琉球王国評定所文書』五巻、琉球王国評定所文書編集委員会、一九九〇年
樺太アイヌ史研究会編『対雁の碑』北海道出版企画センター、一九九二年
川畑恵「台湾出兵についての一考察」『沖縄文化研究』一六号、一九九〇年
川畑恵「琉球藩王尚泰の上京の意義」『書陵部紀要』五〇号、一九九八年
川畑恵『尚泰』(日本史リブレット)、山川出版社、二〇一九年
岸本覚「幕末海防論と「境界」意識」『江戸の思想』九号、一九九八年
君尹彦「石狩改革」『近代日本と北海道』河出書房新社、一九九八年
楠木賢道「『三国会盟録』からみた志筑忠雄・安部龍平の清朝・北アジア理解」『社会文化史学』五二号、二〇〇九年
修斌・劉嘯虎「ペリー艦隊の対中・日・琉関係の認識」『東アジア文化交渉研究』八号、二〇一五年
杉谷昭「嘉永・安政期の日露交渉」箭内健次編『鎖国日本と国際交流』下巻、吉川弘文館、一九八八年
関誠「イギリス極東政策における巨文島占領論の系譜とその性質」『社会システム』一一号、二〇〇八年
醍醐龍馬「榎本武揚と樺太千島交換条約(一)(二)」『阪大法学』六五―一・三、二〇一五年
田中弘之『幕末の小笠原』中公新書、一九九七年
谷澤尚一・佐々木利和「今井八九郎の事蹟」『北海道の文化』四一号、一九七九年
遠山茂樹「明治初年の外交意識」『横浜市立大学論叢』一三―二・三、一九六二年
豊見山和行「琉球王国末期における対外関係」『歴史評論』六〇三号、二〇〇〇年
鳥井裕美子「ケンペルから志筑へ―日本賛美論から排外的『鎖国論』への変容―」『季刊　日本思想史』四七号、一九九六年
永井秀夫「維新政府の対外問題」遠山茂樹編『近代天皇制の成立』岩波書店、一九八七年

永井秀夫『明治国家形成期の外政と内政』北海道大学出版会、一九九〇年
中川壽之「樺太問題と左院」犬塚孝明編『明治国家の政策と思想』吉川弘文館、二〇〇五年
ニコライ・ブッセ著・秋月俊幸訳『サハリン島占領日記』平凡社、二〇〇三年
西里喜行「アヘン戦争後の外圧と琉球問題」『琉球大学教育学部紀要』五七号、二〇〇〇年
西里喜行「土通事・謝必振とその後裔たち」『琉球大学教育学部紀要』六〇号、二〇〇二年
原暉之『ウラジオストク物語』三省堂、一九九八年
深瀬公一郎「近世日琉通交関係における鹿児島琉球館」『早稲田大学大学院文学研究科紀要』四八号、二〇〇三年
麓慎一「樺太・千島交換条約の締結と国際情勢」明治維新史学会編『明治維新とアジア』吉川弘文館、二〇〇一年
麓慎一「維新政府の東アジア政策―樺太問題と朝鮮問題の関連について―」『環日本海研究年報』一三号、二〇〇六年
真栄平房昭「十九世紀の東アジア国際関係と琉球問題」溝口雄三・浜下武志・平石直昭・宮嶋博史編『アジアから考える〔3〕 周縁からの歴史』東京大学出版会、一九九四年
真栄平房昭「一七世紀の東アジアにおける海賊問題と琉球」『経済史研究』四号、二〇〇〇年
真栄平房昭「トカラ海域史の視点」『東北学』五号、二〇〇一年
真栄平房昭「近代日本における境界の島々」『歴史学研究』九〇八号、二〇一三年
松浦茂『清朝のアムール政策と少数民族』京都大学学術出版会、二〇〇六年
三浦周行「明治時代に於ける琉球所属問題(一)(二)」『史学雑誌』四二―七・一二、一九三一年
宮地正人「廃藩置県の政治過程」坂野潤治・宮地正人編『日本近代史における転換期の研究』山川出版社、一九八五年
毛利敏彦「副島種臣の対清外交」『大阪市立大学法学雑誌』四一―四、一九九五年
安岡昭男「幕末・明治前期の対アジア交渉」明治維新史学会編『明治維新とアジア』吉川弘文館、二〇〇一年
山本美子「近世の長崎の警衛について」岩生成一編『近世の洋学と海外交渉』巌南堂書店、一九七九年
横山伊徳「日本の開国と琉球」曽根勇二・木村直也編『新しい近世史② 国家と対外関係』新人物往来社、一九九六年

麓　慎一　ふもと　しんいち
1964年生まれ
北海道教育大学教育学部卒業
北海道大学大学院文学研究科博士課程(日本史学専攻)単位取得満期退学　博士文学
北海道大学文学部助手，新潟大学教育学部准教授・教授，
ロシア科学アカデミー東洋学研究所・漢陽大学校留学，中国海洋大学客座研究員を経て，
現在，佛教大学歴史学部教授
専攻，19世紀後半の国際関係史

主要著書・論文
『近代日本とアイヌ社会』(日本史リブレット57，山川出版社，2002年)
『開国と条約締結』(吉川弘文館，2014年)
「幕末における蝦夷地政策と樺太問題」(『日本史研究』371号，1993年)
「幕末における蝦夷地上知過程と樺太問題」(『歴史学研究』671号，1995年)
「維新政府の北方政策」(『歴史学研究』725号，1999年)
「明治維新期におけるロシアのサハリン島政策」(『ロシア史研究』104号，2020年)

一九世《じゅうきゅうせい》紀《き》後半《こうはん》における国際関係《こくさいかんけい》の変容《へんよう》と国境《こっきょう》の形成《けいせい》
——琉球《りゅうきゅう》・樺太《からふと》・千島《ちしま》・「竹島《たけしま》」・小笠原《おがさわら》

2023年5月20日　第1版第1刷印刷　　2023年5月30日　第1版第1刷発行

著　者　麓《ふもと》　慎一《しんいち》

発行者　野澤　武史

発行所　株式会社　山川出版社
〒101-0047　東京都千代田区内神田1-13-13
電話　03(3293)8131(営業)　03(3293)8135(編集)
https://www.yamakawa.co.jp/　　振替　00120-9-43993

印刷所　株式会社　太平印刷社

製本所　株式会社　ブロケード

装　幀　長田年伸

　ISBN978-4-634-59132-5

地名索引

た　行

な　行

は　行

ま　行

や　行

ら・わ行

人名索引

＊は，研究者名を示す。

さ行

た行

な 行

は 行

ま 行

や　行

ら・わ行

アヤン
オホーツク海
ペトロパブロフスク･カムチャツキー
海内八島
カムチャッカ半島
アルバシン
ナッコ岬
ニコラエフスク
デカストリー
樺太
シュムシュ島
ホロムシロ島
アムール川
(黒龍江)
アルグン川
オッチシ
アレクサンドロフスク
オンネコタン島
ホロコタン
シャスコタン島
タライカ湾
インペラートルスカヤ湾
ラショワ島
クシュンコタン
ウシシル島
シムシル島
シラヌシ
図2
ウラジオストック
アニワ湾
ウルップ島
ポシエット湾
エトロフ島
オリガ
ラペルーズ海峡
クナシリ島
豆満江
シコタン島
函館
永興府
元山湾
ウルルン島
(鬱陵島)
釜山
対馬
巨文島
東京
済州島
長崎
尖閣諸島
北大東島
大東諸島
台湾
石垣島
南大東島
八重島列島
0
500km

図1　日本と周辺地域

0
50
100km
オッチシ
ホエチョ
エンルンモシ
ホロコタン
タライカ
シスカ
タランコタン
タライカ湾
ウショロ
コタンウトル
ライチシカ
ウエンコタン
フヌプ
トッソ
クシュンナイ
ワーレ
マアヌイ
ナヨロ
東シララオロ
西シララオロ
ナイブツ
サカエハマ
ヲタッサン
イヌヌシナイ
西トンナイ
(エンルモコマフ)
オチョボカ
トンナイチヤ
アエロフ
トコレボ
クシュンコタン
チベチャニ
トーブツ
シレトコ
シラヌシ
ノトロ
アニワ湾

図２　樺太南方地域

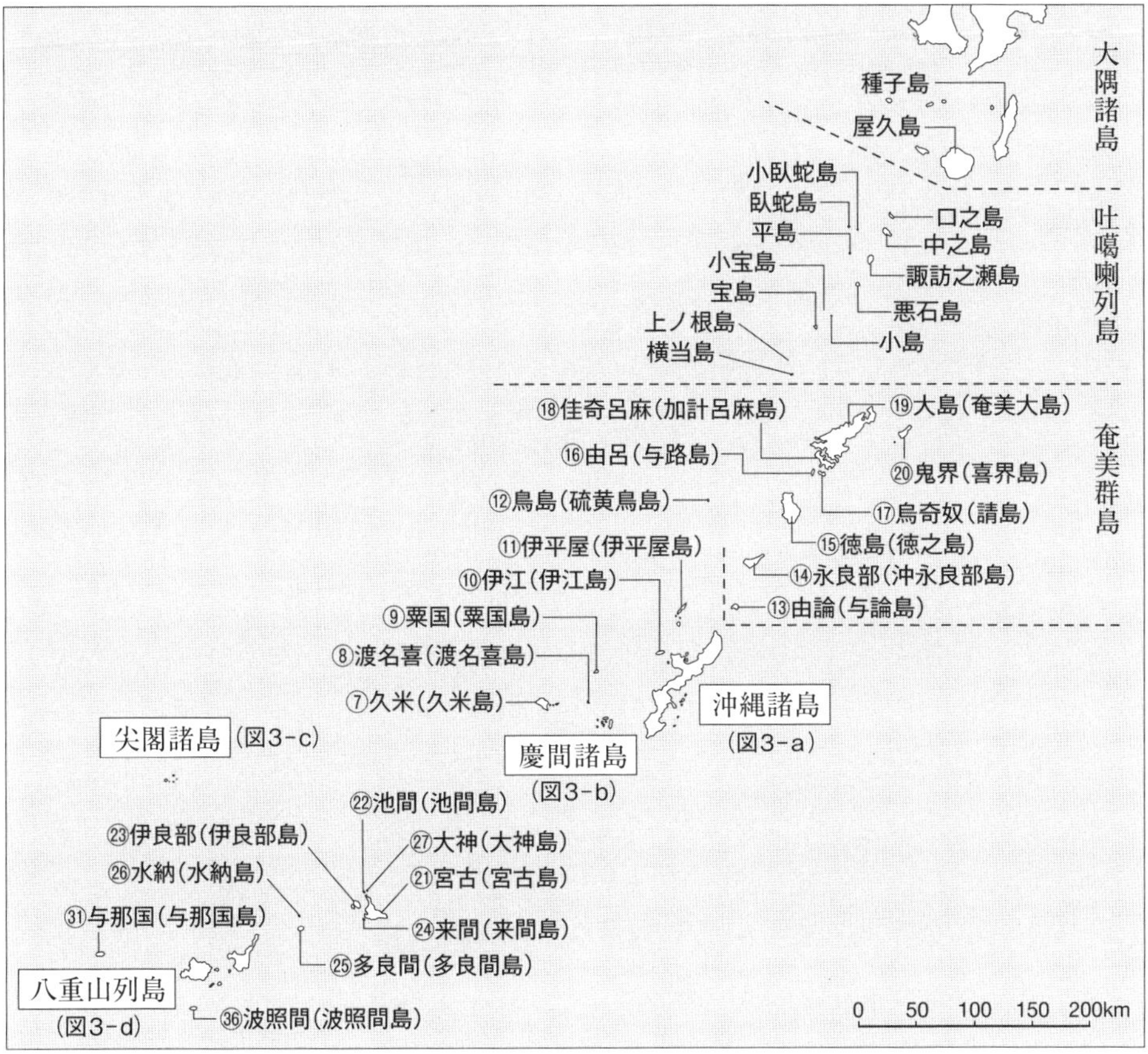

図3　南西諸島　沖縄諸島(図3-a)・慶間諸島(図3-b)・尖閣諸島(図3-c)・八重山列島(図3-d)は，右拡大図に記載した。

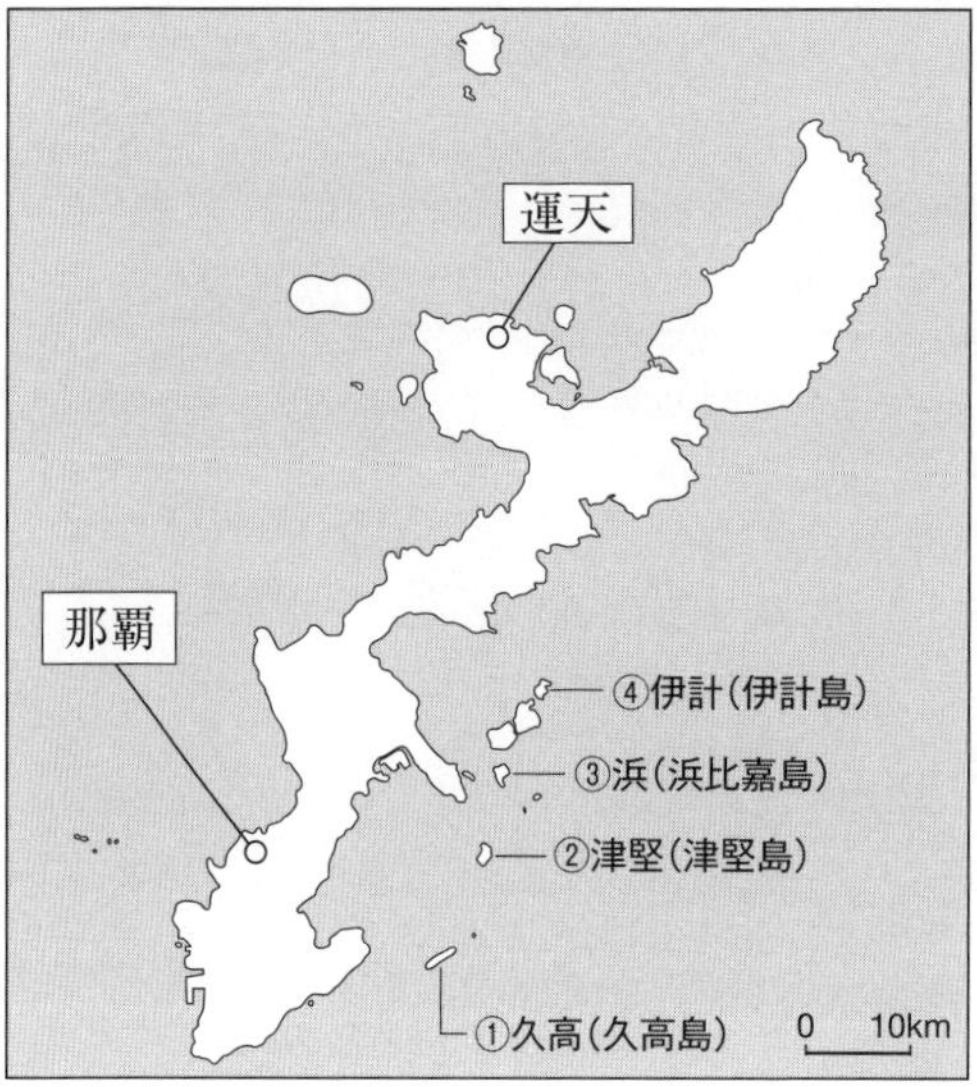

図3－a　沖縄諸島

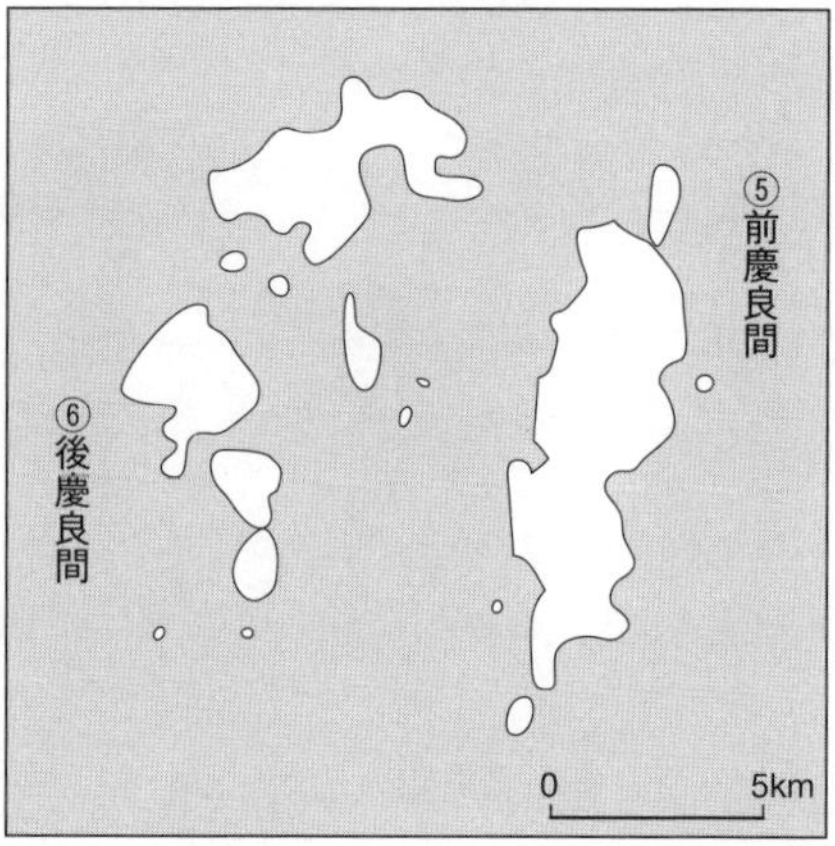

図3－b　慶間諸島

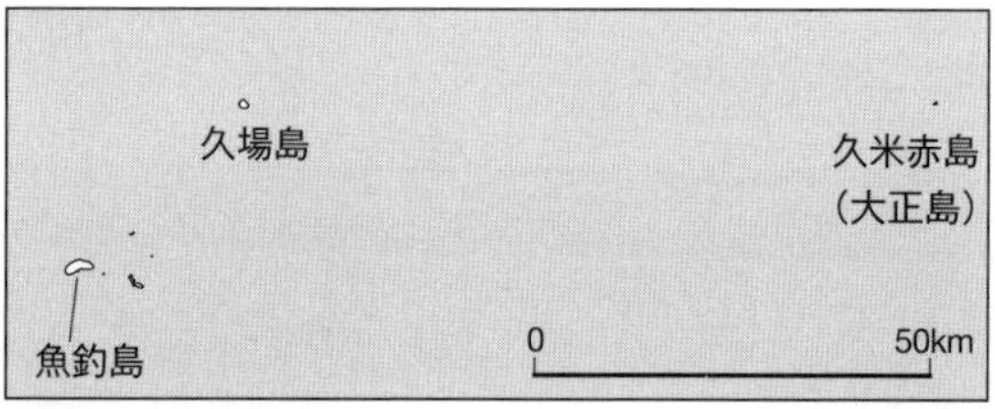

図3－c　尖閣諸島

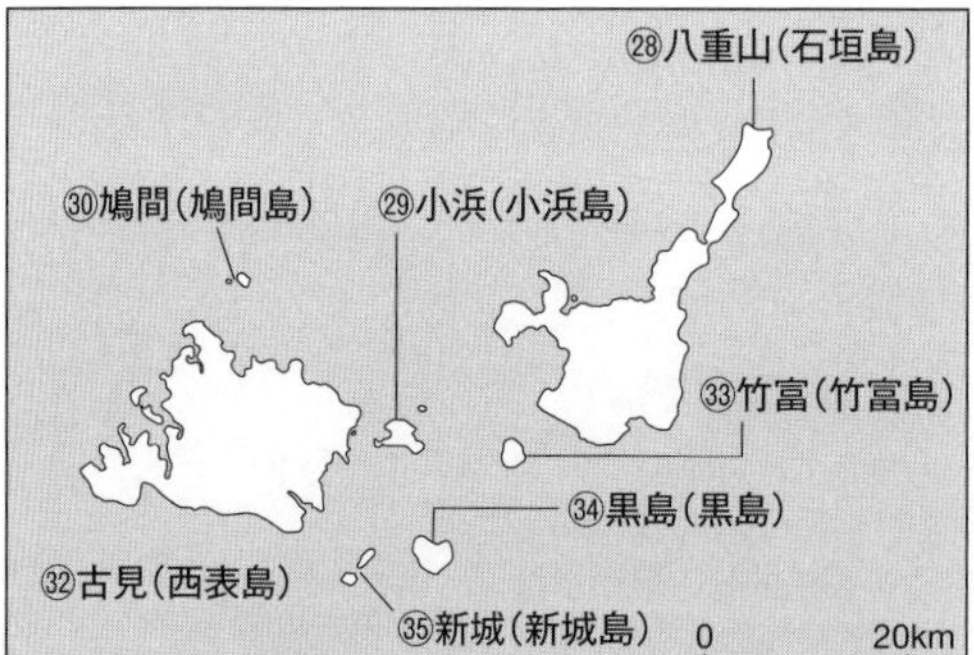

図3－d　八重山列島

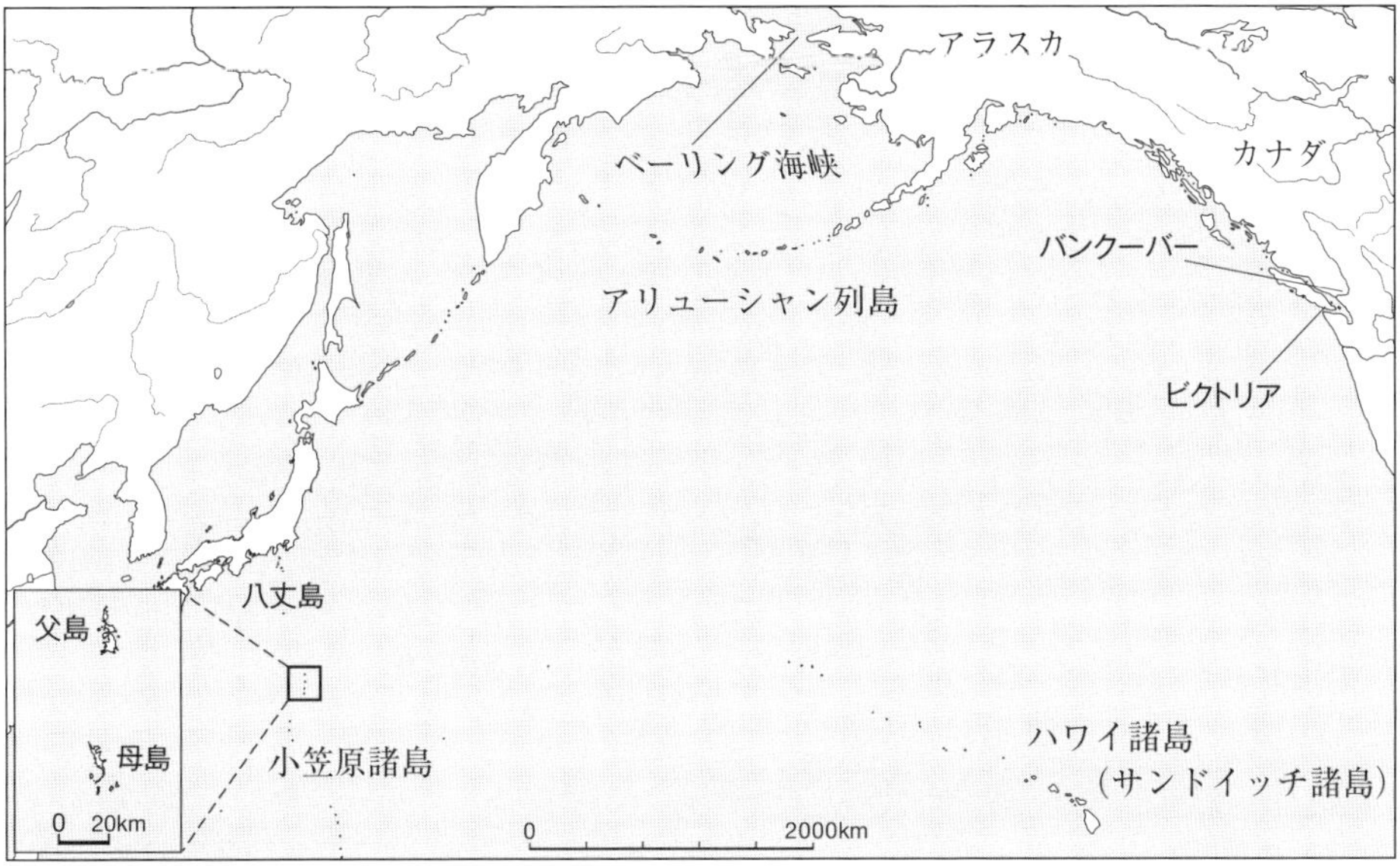

図4　環太平洋海域

カバー写真　「日本辺界略図」（国立国会図書館所蔵）　天文方の高橋景保が文化6年（1809）に刊行した地図。北部を点線で補いながら樺太を正確に描いている（秋月俊幸『日本北辺の探検と地図の歴史』〈北海道大学図書刊行会，1999年〉参照）。